EXPOSURE:

INSIDER SECRETS TO MAKE YOUR BUSINESS
A GO-TO AUTHORITY FOR JOURNALISTS

讓媒體搶著報導你

從小編、行銷、發言人
到新創CEO都得學的正向曝光技巧

菲麗希緹・寇伊 Felicity Cowie——著　謝明珊——譯

目錄
CONTENTS

Chapter 2

揭開神祕面紗：如何獲得媒體報導

Q&A 培訓過無數記者的彼特·桑德斯

獻給每一位有心改變世界，努力搏版面的企業創辦人！

獻給我最愛的姐妹雅曼達，她對企業規模化大有研究，不藏私分享她的洞見和資訊，提升這本書的水準。

推薦序

創投女王艾琳・伯比奇推薦序

我經營科技創投公司，擔任各大企業的顧問。企業創辦人和高層經常詢問我，該如何搏取媒體版面。媒體客觀的報導，勢必有一定的吸引力，閱眾數量比較多，可以吸納顧客，還有未來的求職者。

該如何搏取版面，讓媒體報導特定的新聞，或者特殊的里程碑和大事件？坊間有不少建議。但在我看來，為了搏取新聞版面，最好在提案之前，先成為記者心目中的好公司，穩定可靠、始終如一、全心投入。心中還沒有目標，就先跟媒體打好關係，開啟對話，這麼做可以奠定威信、公信力和獨特的嗓音。對記者來說，才有報導價值。

然而，一些比較年輕的新公司，很難在自己的產業「突破雜音」，甚至壓過競爭對手。畢竟每一位企業高層最在乎的事，莫過於在任何看得見的市場，吸引潛在顧客、合作夥伴和人才。

廣告、贊助和其他行銷通路，當然可以用錢買。可是唯獨記者刊出來的新聞或報導，或者客觀的新聞頭條才有機會脫穎而出，大勝其他的宣傳內容或行銷活動。有的媒體管道（包括紙本或網路）特別會突破雜音，爭取客源，提升品牌認同，有的則是吸引求職者或商業發展夥伴。

然後有了第一篇新聞報導（或者受到關注），最理想的情況是像雪球一樣越滾越大，吸引到更多記者和媒體，讓他們「注意到」獨特的銷售主張、主題或競爭優勢，接下來就可以趁勢而為。

如何保持報導的氣勢呢？如何先發制人，吸引更多人關注呢？媒體一直在為各自的閱眾，尋找有價值和益處的內容。該如何擄獲媒體人的心呢？

菲麗希緹·寇伊的著作《讓媒體搶著報導你》，透過簡明可行的教學，幫助企業創辦人和高層搞定媒體關係。有了這本教戰手冊，企業大可自行操刀，不一定要聘請媒體代理商，自己包辦媒體策略和關係可以更真實一點，維持一貫語調。

什麼樣的媒體關係可以創造最棒的報導呢？企業跟媒體雙方勢必要有共同關注

的領域，真正討論過和辯論過，而不只是公關操作或發新聞稿。

如此珍貴的教戰手冊涵蓋幾個主題。如何從企業創立之初，把媒體關係融入企業發展策略中；如何搏得夢寐以求的大頭條；如何發揮和放大募資新聞（對企業來說，這是第一個重要里程碑，但記者不一定有興趣），以吸納更多的顧客；如何延續報導的「節奏」；如何在企業成長的過程中，擴大報導的規模，找到更多合作的記者、媒體朋友／管道。

在企業草創或衝刺階段，企業創辦人想必忙翻了，不可能把搏取媒體版面看得太重要，甚至會以為這只是愛慕虛榮，或是追逐頭條，還不如花時間經營團隊或開發產品。然而這些努力並不互斥。事實上，建立吸納人才的管道，或者顧客行銷的漏斗，正好是搏取媒體版面的條件，讓企業成為某一個領域的思想領袖、專家和創新者。

《讓媒體搶著報導你》從旁協助企業，從創立的第一天，就開始真誠經營媒體關係，盡量以最高的效率，跟記者展開合作。

一篇正面的報導，不可能成就或摧毀一家企業，卻可以發揮莫大影響力。大家回想一下，媒體瘋狂報導，刺激了特斯拉（Tesla）成長，戳破了療診（Theranos）的謊言。無論如何企業就是會憑著媒體報導脫穎而出。

不論你在哪個國家，身處何種產業，身為企業創辦人的你非讀不可。學會建立正向的媒體關係，透過跟記者真誠的合作，搏取媒體版面。

如果你是企業創辦人，想搏取媒體版面，讓你的投資有回報，這本書絕對會改變一切！

艾琳・伯比奇勳爵

Eileen Burbidge

序言

「為什麼不是我們公司被報導？」

你為了掌握產業新聞，打開最有公信力的媒體，例如報紙、雜誌或電視臺。這時候一則耐人尋味的頭條，吸引你的目光（或耳朵）。憑什麼？這篇特別報導的主角，是你沒聽過的對手或企業，對方正在炫耀他們的事業，跟你們公司做的事不謀而合。

你看到記者引用創辦人的話，感到胃中翻騰。如果換成你會說得更好，記者卻把你的對手譽為「先驅」、「市場領導」或「該領域的權威」。對手頓時有第三方的背書，超越你的競爭優勢。

叮咚！你的螢幕跳出一則訊息，可能是重要的客戶或投資人：「為什麼不是我們公司被報導？」附上新聞的連結。糟了！

對於企業創辦人而言，「搏取媒體版面」只是「期望的目標」，每一季複製貼上（「未來某一天，必定會達成」），一旦碰到這種危機事件，「搏取媒體版面」會立刻列為頭號目標。

每一封訊息都在質問你，「為什麼不是我們公司被報導？」另一方面，對手拚命在社群媒體轉發新聞報導（「今日新聞頭條把我們譽為產業領袖，我們虛心以對，與奮不已。」）你越看越痛苦，覺得事態緊急。

還有另一種危機事件。某一天記者突然上門，給你們公司高調曝光的機會，只是期限很趕！如果你想成為世界第一，當然要有一流的表現，但是迫於時間的壓力，面對你沒想過的時限，你該如何壓線完成呢？

企業第一次披掛上陣，跟記者打交道，經常會碰到這兩種局面。怎麼說？這兩種局面企業都居於劣勢，不太可能有時間或餘裕，讓媒體的新聞議程符合公司的發展方向，以致於你登上的頭條，以及外界對你的認可並非你致力發展的項目，整個企業恐怕會偏離最初的軌道。

從現在起翻開這本書，啟動更周全的計畫，為媒體關係做好準備。

什麼是媒體關係？

大多數企業不懂媒體關係，把媒體關係（media relations）跟公共關係（public relations, PR）搞混了，冠上傳播這個大標題（通常跟行銷扯上關係），於是就卡關了。對圈外人來說，這些概念很容易混淆，誤以為在這個可怕的世界中，非要「健談創新」不可，卻覺得自己格格不入。

這本書只關注媒體關係。經營媒體關係，無非是為了讓你的企業被民眾看見（所謂的民眾，包括現有和潛在的顧客，你所屬產業的人才或投資人，甚至擴及到了全世界），只不過要透過記者的手間接實現。

因此經營媒體關係，你的閱眾不是民眾，而是記者。

相反的，公共關係和行銷是透過企業自己的活動，直接對民眾喊話。

你可以規劃廣告和行銷活動，精心研究過後，選擇影響力最大的地點。你可以在社群媒體發表貼文。你可以策劃活動，決定要怎麼直播或報導。

這就是根本的差異。你接觸記者之前，務必認清一件事。民眾到底想要看什麼內容？記者跟你的想法恐怕不一樣，記者也沒有義務聽你的，更何況新聞編輯室收集和分享資訊的方式也跟企業不同。

我把媒體關係定義成「跟記者合作，獲得免費的新聞版面」。這是一個廣泛的定義，包含了：

- 主動跟記者合作，獲得正向的新聞報導，刺激企業發展。
- 被動回應記者的採訪邀請，例如企業意外勝出或面臨危機，趁這個機會搏得最佳的新聞版面，拉抬公司的名聲，避免名譽受損，為企業成長創造最佳的機會。

或者介於兩者之間。

媒體關係對企業有什麼幫助？

何必費心經營媒體關係呢？直接面對民眾，把全部的資金、時間和心力都砸在做公關，豈不是更好？這個問題很好！尤其是現在，有很多出色的工具和管道，都可以分享企業的新聞。很久以前企業就不再仰賴權威媒體來宣傳。如今很多企業擁有的社群媒體粉絲，遠超過產業新聞的流通數，甚至是一些全國媒體。

下列是經營媒體關係的八大好處：

1. 以零成本或低成本，獲得媒體曝光機會

免費的媒體版面，不像廣告、行銷活動或項目須支付前置成本。就連社群媒體行銷，雖然申請帳號免費，仍要提撥一筆預算，持續發布有意義的內容，逐漸匯集人氣。

然而一篇強力的報導，就可以接觸到成千上萬讀者或觀眾，甚至是數百萬的人，而且「萬年長青」。未來幾年隨時可以拿出來炫耀。只要投入一些時間，準備記者願意報導的東西，並主動提供。只不過廣告、行銷活動或項目是你自己可以控制的，

而你提供記者的資訊，記者會獨立報導，因此平時要投資這方面的能力，懂得趨吉避凶，獲得你期望的報導。

別擔心，你投資的金額可能只有這份書錢！本書第二部分，稱為「媒體經營工具包」，介紹各種提升曝光度的工具。一旦成功了，你會結識懂得寫新聞的記者，幾乎每一個媒體管道，至少有一個人在你的新聞下功夫，這樣豈不是有一個祕密軍團呢？

2. 建立公信力

有了第三方媒體報導，就等於獲得外人肯定，可以樹立企業的公信力。記者會抓故事的漏洞，需慎選合作對象。由此可見，如果企業登上《金融時報》（*Financial Times*）或《彭博》（*Bloomberg*），證明企業通過媒體的檢驗和挑選。投資人信任你是需要有理由的，媒體報導就是理由之一。尤其是透過媒體報導，證明你的企業有在成長。從你獲得第一筆大訂單，簽署合作協議，獲得獎項肯定，再到改變現實世界。

如果只靠自己宣傳，無論內容多有價值，看在別人眼裡就是自吹自擂。反之，第三方刻意把你們公司報導出來，這就格外可信了！

本書第三章，教大家挑選記者和媒體，迎合你的目標群眾。鎖定幾家媒體，成為不可或缺的新聞來源。

3. 快速建立行銷管線

如果你的每一篇報導都是出自新聞媒體，而且是理想客戶平常會看的，打從心底重視的。透過這些平臺你可以快速建立行銷管道，因為比起你剛剛經營的社群媒體，這些新聞平臺更有權威和影響力。

4. 獲得值得分享的高價值新聞

你不妨善用媒體報導，發展自家的媒體平臺。媒體報導會製造話題，大家會期待「參與其中」，或者認識新聞人物。

在官方網站分享新聞連結，寫著「參見新聞連結……」，或者刊登一篇社群媒體貼文，向大家宣布「很榮幸可以在這篇新聞參與關於（某個報導主題）的全球討論」，然後附上螢幕截圖或連結。這篇報導會啟動「口碑」行銷，提升你自家媒體的活躍度，以及搜尋引擎的排名。

投資人尋求建議時，仰賴自己信任的社交圈，因此當企業分享媒體報導（尤其是在LinkedIn），投資人的線上社群或新聞通訊就容易標注這篇新聞。

此外，高價值新聞會吸引更多的記者。本書第四章探討記者的「跟風心理」，教大家善用商業或產業新聞，「一躍」登上主流媒體。

5. 找到適合的產品市場

愛因斯坦說過，「如果你無法簡單說明，就代表你了解得不透澈。」我換個說法，「如果你無法跟記者解釋清楚，就代表你對於產品和市場的媒合度了解得不透澈。」當你想要炒新聞，卻聽到記者說，「我不是很懂」，這種經驗很惱人吧？但換個角度想，這是你免費諮詢的機會！

記者熱愛個案研究。如果你拿不出令人信服的個案研究，這是在提醒你，你還沒有搞清楚，你的產品瞄準什麼市場問題，有什麼解決辦法。

本書第二部分「媒體經營工具包」，會引導大家做個案研究，滿足記者的需要。

6. 成為思想領袖，以及「新品項的先驅」

如果你只顧著推出新產品，不料卻失敗了，這時候你只好換一個市場，趁預算透支之前，趕快找到顧客。相反，如果你在媒合產品和市場的過程中，剛好獲得曝光機會，甚至成為該領域公認的重量級人士，或者思想領袖，一時之間，你變得比產品更偉大了！你可以盡情嘗試各種產品，直到你發現爆款，這有什麼好處呢？一來是爭取必要的時間，二來是等到你媒合產品和市場，這就是一種強力的宣傳。你可以對外宣稱，你更在乎的是顧客以及他們的生活，所以沒有滿腦子只想著賣東西。

你試圖創造的或許不只是新產品，還有新品項，成為「新品項的先驅」，直接稱霸新的小眾市場。唯有你能夠介紹這個新品項，以及市場對其項的需求，你會成為媒體的「口袋名單」。請務必使用記者可以理解和發揮的語言，才可能匯集人氣，成為「新品項的先驅」。看完這本書，你就知道怎麼做了。

7. 募資和募得更多資金

上述的好處都可以幫助你募資。

媒體最常報導的企業，在 A、B 輪募資募得的金額，通常會增加 35,635%。反之，媒體最少報導的企業，募資金額只增加了 143.6%。

（資料來源：Hard Numbers and CARMA, 2020）

搏得媒體版面，證明你除了擅長做生意，還有一項寶貴的能力，叫做「傳達願景」（vision-telling）。創投專家比爾．古利（Bill Gurley）這樣說：

擅長說故事的人，特別有競爭優勢，容易招到好員工。而且特別受媒體寵愛，募資更輕鬆，募得金額更大，跟別人洽談商業發展合作，總是會談得非常好，並且在企業內部，建立一套穩健的公司文化。有重要的是，更可能獲得正投資報酬。

（資料來源：Gurley, 2015）

群眾募資也是同樣的道理，媒體報導先行，趁募資開跑之前，就先掀起話題和人氣。

8. 獲得外在認可

就我的經驗，企業搏取媒體版面無非是這個原因。上述七大好處，雖然頭腦想得通，但唯獨這個好處說進企業的心坎裡。我跟新客戶晤談，每當我問起，企業對媒體版面有什麼期待，對方經常說不出半個字。他們只知道自己想做，而我猜測，他們期望透過媒體版面獲得外在認可。

人亟需確認自己做的事對世界有意義。我們期望公司脫穎而出，心裡卻很矛盾，需要外在的保證，確定自己沒有偏離這個世界，因為我們還是想要跟世界互動，對世界發揮影響力。我們也知道，為了吸引人才、優質顧客、投資人和合夥人，當然要設法證明，大家一起做合理的事。

為什麼要跟我學？

你知道嗎？我可是費盡千辛萬苦才寫出這本書。

過去三十年來，我靠寫作維生，但始終覺得寫作這件事既神奇又百般困難。我本身夠幸運，曾經向全球一流的作家學習，跟他們共事，包括兩位諾貝爾文學獎得主，以及英國家喻戶曉的大人物。我十五歲就開始當記者，頻繁跟記者打交道，這從來不是一件簡單的事。我有報導全球突發事件的莫大壓力，且必須臨機應變。就連新聞「淡季」的日子，我還得面對無止盡的輪班，以及記者的低薪水準，不禁懷疑我做錯人生選擇。

我受過新聞編輯室文化的磨練，然後到企業內部工作，當我看到不同產業的文化，還真是驚訝呢！我沒想到大家對記者的期待，要不是過高就是過低。一般企業的媒體關係業務，完全跟記者的行事作風抵觸，讓我看得糊裡糊塗。因此我覺得有必要寫這樣一本書。我想把自己的知識，交到企業的手中。我想幫大家抄捷徑，避開混淆和風險。我想要協助企業們，把媒體關係看成商業策略的一部分。企業和記者之間是協商關係，而非敵對狀態。對記者來說，交易的貨幣就是故事。你必須有好故事可以說，你跟記者才有機會達成共識。

如何使用這本書

你正忙著維持業務穩定，壓力大到喘不過氣來嗎？比方新聞頭條爆出後，衝擊公司的發展方向，或者你不知道從何下手，為公司搏取新聞版面。好了，先給自己一個……大大的……長長的……深呼吸。這本書會幫你！

你是某個領域的專家，有滿腹的墨水。這本書會滿足你的一切需要，為你的企業搏取最佳的版面和人氣。我大方分享圈內人的祕密，提供你五花八門的策略，以及說故事的工具，讓你成為記者的口袋名單。

我會盡量說清楚，因為我知道你需要一條捷徑，所以我們從企業的內部開始做起。第一章探討跟媒體打交道之前，必須先完成三件重要的事。第二章揭開記者工作的神祕面紗，讓你大開眼界，學會跟記者合作。

第三章教大家挑選最棒的故事，放在適合的時機、地點和媒體管道，發揮最大的影響力。至於第四章，既然你達成目的了，現在要處理後續，包括放大報導篇幅，應付媒體強烈的興趣。身為企業領袖你如何代表企業跟記者打好關係呢？

看完第四章，你對媒體關係有了基本概念。第五章把這些知識落實於自家企業，善用每一分預算，辦理培訓和聘請專家，創造更多的助力。

每一章都有「實例篇」的單元，向讀者證明，每一章所提供的行動建議，可以落實到現實世界中。只不過人名和公司名稱是我虛構的，我想盡量統整我見證過的優秀個案，將其全部分享出來，因為編造人名和公司名還挺好玩的。

此外，我寫了一些小短篇，讓大家知道記者腦子在想什麼。你還記得嗎？媒體關係的第八個好處是「外在肯定」。當企業搏得中規中矩的好報導，初見到自己的事蹟用白紙黑字寫出來，內心仍震驚不已。這本書從第一章到第五章，分享我的圈內人觀點，幫助你認識分享故事的對象，熟悉對方的世界，增添你合作的信心。我挑選的幾個主題，正好是個案最常提出的，我一路陪著他們，建立名聲和名氣。我也主動分享，當記者的時候我是怎麼想事情，起初我只是地方報紙的實習生，後來成為英國廣播公司（BBC）《廣角鏡》（*Panorama*）的網站編輯，經手無數的BBC新聞快報和節目。

各章內容都跟「媒體經營工具包」相輔相乘。第一章至第五章先解釋原理，以及哪些工具可以實現期望的目標。「媒體經營工具包」放在壓軸，是一套獨立的參考資源，把所有工具和流程都演練一遍。

凡是重要的建議我會連講好幾遍，縮短你學習的時間。我希望你明白，跟媒體打交道「少即是多」，把重點把握好，一切皆可能實現。我把這個建議掛在嘴邊，無論讀者如何看這本書（從頭看到尾，或只挑自己有興趣的篇章看，隨手翻一翻，快速翻一遍），絕對看得到重點。

等到你讀完了，「原理」也搞懂了，覺得沒必要再看第二遍。不過「媒體經營工具包」值得一翻再翻，收錄了很多「技巧」，教你應付商業和其他世界。現在你掌握這些工具將受用無窮。未來再分享給更多人，支持你一起搏取版面和人氣，進而改變世界。

來吧！

Chapter 1

你需要自我檢視，才能找出優勢和劣勢

打好媒體關係，從企業內部開始

我會幫你省下一大筆錢，還有點點滴滴的時間，以免你做一些無濟於事的活動，我向你保證：

- 你不用成立行銷團隊，也可以制定媒體關係策略。
- 你不用諮詢傳播公關的顧問或代理商。
- 只要從今天起，你把媒體關係融入到成長策略之中。聲名大噪！

大家去觀察高成長的新企業，他們之所以會累積名氣，是因為把建立形象擺在第一位，打從一開始就投入時間做這件事。

你不用急著委派工作、辦企業培訓或招募新人，也不用物色公關行銷顧問或代理商。這些事情或許很重要，但不是現在！憑你當下的情況和能力，就可以開始經營媒體關係了。身為企業創辦人，接下來要仿效記者的作法，把你公司的商業策略故事仔細檢視一番。

除了奠定媒體關係的基礎，省下可觀的時間和預算，第一章還有另外一個天大的好處，那就是做好萬全準備，大方接受媒體的檢視，吸引調查成性的記者來報導你的企業。

這可是天大的好處啊！

我專門解決媒體關係的問題。企業求助於我，通常是發現問題，但問題尚未爆發。這本書從頭到尾，分享我個人的實際經驗，直擊解決問題的過程。舉例來說，企業貿然邀請媒體參加新品發表會或資訊發表會，但創辦人和領袖卻突然發現，活動準備資料明顯有矛盾。我只好快速應變，因為我的客戶十萬火急，鎂光燈快要照到他們了。

如果企業主誤以為媒體關係跟企業行動毫無關聯，便不會相信自己有能力建立聲譽。現在是「當責經濟」（accountability economy）的時代，消費者收集資訊的能力可媲美調查記者。消費者會查閱、分享或揭露，只要在行動裝置點幾下，頓時就會有企業升天或殞落。這樣的世界行動最有份量！企業千萬別說一套，做一套，而要言行合一。

未來的媒體關係從企業內部做起。企業不再一知半解、戒慎恐懼、刻意疏遠，拚命把媒體關係外包出去。如今企業主領悟了，當責和宣傳是一件事，所以才買了這本書。

第一章讓企業做好準備，跟記者並肩合作。有三件事情特別重要，以搏取對企業有利的媒體版面。

我會指導你：

- 只用五十個字清楚說明你的企業。
- 把商業策略看成是你正在寫的故事，揪出其中的漏洞和矛盾，一方面在內部尋求共識，另一方面穩定的爭取曝光機會。
- 證明你的企業有在做事，透過個案研究來證明產品和市場相符。

做好這三件事，祕訣是按部就班。

你能不能只用五十個字，清楚說明你的企業在做什麼？

向媒體提案，就是在展開協商。雖然協商的結果不是你可以掌控的，但你出擊的方式完全在你的掌控之中！

我碰過各種客戶，不同的規模和產業。我專門幫企業排解問題和救火，視個別的難題而定。有的是跟記者打交道，有的是管理形象和聲譽。然而我發現每一個個案都是在傳播時出問題，無法用親民的語言，準確傳達自己做的事。我提出的解決方法，無非是用五十個字清楚說明企業在做什麼。有了這段說明，馬上會排除萬難，從根本修正傳播問題，搏得強力的媒體版面。

你可能在想，假如是考驗臨機應變的危機事件，企業並沒有主動炒新聞，而是媒體對特定問題感興趣，這個方法還管用嗎？比方，你的公司被駭客入侵了，在危機發生之前，先寫好你的企業在做什麼，你可以發現故事的「漏洞」，以及企業的弱點。

假設你寫了，「我們創造全世界最安全的系統」，這句話完全沒問題，但你要未雨綢繆，預想危機發生時，你該說些什麼話，做些什麼事。我待會再詳細說明，如何從五十字企業簡介中標出「備用聲明」（holding statement）以及「關鍵臺詞」（key lines to take）。

五十字企業簡介攸關媒體關係和其他層面的成敗，因此非常重要！為什麼對媒體關係這麼重要呢？大家總以為記者看上的是華麗的信件主旨和新聞稿標題，大錯特錯啊！

當我坐在企劃部，為了BBC全國和全球新聞篩選無數的電子郵件和新聞稿，我會拉到最下面，直接看簡短的（希望如此）公司簡介（boilerplate）。

我想要先認識新聞來源，再決定要不要耗費有限的時間和腦力，處理對方附上的資訊。更何況連我自己都不清楚新聞來源，我可不想去打攪編輯。如果我對故事有興趣，卻不相信新聞來源，我會保留故事。但捨棄來源，這在《廣角鏡》經常發生，我會收到無數的調查提案，有時候是不同的消息來源。我轉發給編輯時，可能會挑選我覺得最適合的消息來源，或採用該領域公認的消息來源。待第三章再來詳談。

我們先解釋「公司簡介」（boilerplate）這個名詞，因為這個名詞的由來跟現在的功用有關係。英文 boilerplate 是一種鋼板，可以製造蒸氣鍋爐的外殼，還有印製報紙。一九五〇年代以前，報導和廣告會壓印在鋼板上，賣給各大報商，報商再放入自家報紙，或者自家的出版品中。對廣告商來說，這就是透過多重的管道，發送前後一致的資訊，到更多城鎮、州、郡、國家拓展生意。如今 boilerplate 意指放在新聞稿最後的企業簡介。

神奇的要來了……

我當新聞產製者的時候，一旦發現值得報導的新聞稿，我會剪下五十字企業簡介，貼在共享的新聞日誌。接下來，每一位新聞產製者和報導者都會剪下「我」這五十個字貼到各自的筆記。最後呢？這五十個字會順利登上網路故事（web stories）、腳本和讀稿機，甚至放送到全世界。

如果從一開始，你就寫出值得剪貼的五十個字，這段話會直接登上你期望的報導和節目。你親手發表出去，透過有廣大觀眾的第三方平臺傳播給你潛在的顧客、投資人和人才。免費打廣告！順便享受上新聞的威信和觸及率。

反之，沒有附上五十字企業簡介，恐怕會錯失報導機會，把機會讓給有做好自我介紹的公司。可是如果企業簡介寫了太多字，或者不符合記者的需求，仍會遭到刪剪或改寫（更何況記者在趕時間，對你的公司認識不深），這等於是澈頭澈尾放棄你對企業簡介的掌控權。你可能還是能獲得新聞報導，只可惜不如你所願。這顯然是天大的失誤，對於商業發展策略、業務和股東來說也可能是大問題。

你必須寫出符合記者期望的五十個字。跟大家說一個好消息，記者是凡人，記者對你公司的根本疑問，剛好也是民眾的疑問，你回答了這些問題，當然有很多好處。

五十個字的威力，不只是搏取媒體版面，也可以讓企業聲名遠播。這些話會傳到人才、業務團隊、行銷人員、代理商的眼裡和口中。放在募資簡報上，讓投資人一眼即知，你就是他看上的投資品類或趨勢，或者你屬於全新的品類！對內的時候，你會建立一致的企業文化，讓公司中的每一個人都能夠清楚表達共同努力的目標，這樣員工就有機會仿效老闆，去影響公司以外的人。

大企業寧願砸重金做入職培訓、員工協助、團隊外出日、分組討論室、心理保健服務等，也不願花錢宣傳公司的存在目的，讓員工持續體會自己對世界有重要的貢獻，我想到就覺得驚訝。

我參加過一些入職培訓，講師開玩笑說，「這是今日的願景和使命，可是我不保證明天會一樣。」講師都這麼說了，誰還願意為公司效命呢？尤其是頂尖人才，有很多公司搶著要。

我輔導過一些案例，工作負荷超出原本的徵才啟事，搞得身體不適生病了，因為公司說不清楚業務有何改變，並沒有仔細審核徵才啟事，調整徵才條件。或者企業在徵才的階段，並沒有說清楚業務內容，以致聘錯人。

你需要五十字企業簡介來幫助自己、員工和全世界，認清公司要展開什麼樣的冒險。別再傻傻的沿用過去的五十個字。你的企業簡介必須回答大家對企業的根本疑問。

我再說一個好消息，企業大多已經寫好五十個字，只是藏起來了，沒有被大家看見。反倒是企業使命、願景和價值顯眼到不行，但這些東西對記者沒有用處，並未使用明確親民的文字，表達企業正在做的事。

我觀察發現，五十字企業簡介會派上用場，就是企業找錢的時候！我建議，從下列這些管道找靈感，我發現屢試不爽：

- 商業計畫／策略簡介
- 爭取投資人的簡報
- 爭取關鍵顧客的簡報
- 工作企劃書
- 貸款申請書
- 補助申請書

- 獎助申請書
- 年度報告書的序言
- 股東大會的開場白
- 股東大會報告書的序言
- 慈善募款的申請書
- 慈善組織報告書
- 徵才廣告，列出公司的關鍵特色，吸引志同道合的人或頂尖人才。

這些管道就算一陣子沒看，再回頭看一遍，依然驚為天人，因為文字簡明扼要，而且有意義。

無論是記者或投資人，甚至所有人在處理資訊的時候，首先要掌握分類。分類的能力受到腦部效率所驅。為了做好分類，必須回答六個問題，而這不是全新的發現。

西元前三百五十年，古希臘哲學家亞里斯多德在《修辭學》（*Rhetoric*）一書，談起軍事行動部署，也列出六個思考問題：

雅典人到底該不該出兵，我們要清楚雅典人的優勢，這優勢是在海軍、陸軍，或兩者皆是？優勢有多大？稅收有多少？有哪些朋友和敵人？發動過哪些戰爭？至今打過哪些勝仗？依此類推。

一九〇二年凱普林（Kipling）寫了一首詩，把這六個問題比喻為「六個誠實的僕人」：

我擁有六個誠實的僕人，
（我所知的一切，都是他們教的）；
他們的名字是何事（What）、為何（Why）、何時（When），還有如何（How）、何地（Where）、何人（Who）。

對老派的專業人士來說，5W1H堪稱訓練的基石，包括法務和新聞的產業。一九九〇年代我還是新聞業的實習生，當時我學習的新聞編採方法，就是回答這六個問題。我早年當過地方報紙的法院紀錄員，每天報導的內容無非是一些漫談，一天經常有好幾個案子。於是我把六個提問放在心底，作為「羅盤方位點」，以免迷失在詞語之海，讓我能快一點找到新聞，發出新聞。

我們都是憑著這些問題，處理排山倒海的資料。如果頭腦是搜尋引擎，這六個問題就是「人腦的演算法」，可以幫忙分類和評估資訊。先有分類的能力，再決定要不要深入理解。

記者和投資人面對的機會太多了，分類的速度要更快！我排班的時候，坐在BBC新聞編輯室，大量的機會蜂擁而至。我在時間壓力之下比較這些機會，還要理解爆炸多的新聞，迅速挑出最有看頭的新聞。我做的每一個選擇，要為新聞團隊和編輯負責，並且為讀者做好把關。

為了體會這個過程，你回想自己買保險或訂飯店，在網路上比價的經驗。網站上列出無數的選項，它們來自不同的廠商。下一刻你重新更新網頁，卻發現有些選項不見了，價格也變了（通常是漲價了）。你必須在期限內處理這些資訊。這跟我坐在新聞企劃部的經驗有著異曲同工之妙，只差在比價網站會把資訊整理成表格，方便你做比較，偶爾有別人的評語可以參考。然而採訪邀約的形式五花八門，經常還缺了關鍵資料，對方附上的資訊也沒有前人的評語可供參考，因此記者腦袋要處理的事情一堆！

身為企業創辦人或企業領袖必須用五十個字回答六個問題，給記者、投資人和其他人方便，一下子就能夠「分門別類」，完成後續的處理。

你只要憑藉這六個問題，檢查你的企業簡介，確認有沒有好好回答。

現在來介紹這六個問題。到底哪裡重要？該如何用五十個字回答出來？下列是前五個問題：

- 你是誰？
- 你做何事？
- 你如何實現？
- 在何地實現？
- 何時會實現？

「你是誰」，就是你的企業或產品（比方整個企業就是產品）。「你做何事」，一語道破你的服務和業務。

「你如何實現」，相當於引擎室，你跟競爭對手有什麼不同，或者你有什麼領先全球的地方，例如你的演算法、專利或能力。你不僅有可能「實現」，還會做得比別人更好。

「在何地實現」和「何時會實現」可以一起回答。你在說明業務內容時，這兩個問題有相同的功能，記者（或投資人、人才或顧客）看了之後，會相信你前述的「何事」和「如何」，真的會落實在現實世界中。即使是全新的品牌或者全新的產品，依然要回答這個問題。這相當於企業的緣起，譬如你曾經組一個團隊，為一些大品牌供貨。

本書第二部分「媒體經營工具包」，特別開闢「企業簡介生成器」單元，會指導大家回答這五個問題。

我們用一點篇幅介紹第六個問題「為何」，現在的企業流行回答第六個問題。可是你為何而做，或你為何創業，大家不在乎啊！第一時間大多數人只想知道，為何你做的事情對他們有利。換句話說，「對我有什麼意義？」如果換成記者，可能會這麼問，「為何這件事對我的閱眾有意義？」

你回答前五個問題，其他人就會自己評估「為何」。因此你的企業簡介根本沒必要直接回應，因為前五個問題的答案，就足以回答第六個問題！

我的意思並不是說，對於你以及感興趣的人第六個問題不重要。可是就我的經驗而言，一個企業忙著回答「為何」，是為了迴避「做何事」和「如何實現」的問題，蒙混過關。

企業創辦人無法用五十個字回答企業的業務內容，通常是因為骨子裡害怕被人看見。整個赤裸裸攤開自己最想公布的事實。另外有些企業對自己做的事太狂熱了，一想到要把活生生的熱情化為死氣沉沉的文字，來吸引其他人共襄盛舉就下不了手。

「你做何事」的問題大多數人都答不出來。自己到底有什麼貢獻，嘴巴說不清楚，就連腦子也想不清楚。尤其是剛創立的新企業走在業界最前線，面對自己的創新無法言喻和歸類。

所以不容易呀！我說這種話不是在打擊你，而是讓你安心。我很多客戶都「拿文字沒辦法」，寫一個標題就要花兩小時。而我熱愛寫作，靠寫標題養活自己，但我不得不說，臺上十分鐘，臺下十年功。

如果你不加快腳步，確定你在做的事，並大聲說出來，那麼資訊缺口恐怕會越滾越大。你再不快點填補缺口，聲明你在做什麼事，別人的腦袋為了有效運轉，恐怕會直接跳過你。或者他腦海中浮現了什麼，就直接填進去。於是你最後得到的新聞報導，不是你正在做的事，也不是你期待的內容。

這五十個字點出企業對世界的主要貢獻。因此寫好這五十個字，就是你對公司最棒的投資，從宏觀的層次確立競爭優勢，亦即獨特性。

除非你可以回答這些問題，你跟其他創辦人與高層也有共識，否則千萬別貿然接近記者！

第二部分「媒體經營工具包」，會引導大家寫出「企業簡介」。

你能不能把商業策略看成你正在寫的故事？

等你寫好五十字企業簡介，清楚說明公司的業務內容，接下來要擴充字數，研擬或調整商業策略。如果你剛好想建立或更新商業策略，最快的辦法就是從這五十個字下手。

說到這五十個字，「何事」是核心業務的產品和服務。「如何」包括人才和創新，把「何事」付諸實現。「何地」和「何時」是成長的證明和目標。

先釐清商業策略的關鍵項目，也就是核心故事，再去接洽媒體。對於五十字企業簡介，企業創辦人和高層有沒有共識呢？如果你自己都不知道起點在哪，怎麼有可能決定未來的去向，吆喝更多人一起上路呢？你不妨善用第二部分「媒體經營工具包」，確認有沒有達成共識，邀大家一起做「企業簡介生成器」的練習，互相比較答案。

如果想邀請董事或公司團隊一起來陳述公司的業務內容，幫公司的業務歸類，「企業簡介生成器」也是很棒的練習，這會提高大家的參與度，讓意見更為聚焦。我曾經為不少客戶主持這項練習，收穫最大的一次，就是幫忙一家育成中心，評估五花八門的創新提案。第一步，就是做「企業簡介生成器」練習。這家育成中心分成三個部門，包括學術、保健、科學，各個部門對於育成中心的目標當然有各自的看法，把如此混雜的訊息傳出去，勢必會吸引天差地別的專案。反之，不同的部門取得共識，寫好五十字企業簡介，確立育成中心的「何事」、「如何」、「何地」和「何時」，這段文字可以清楚刊在官方網站，登在其他管道和資料。從此以後育成中心就可以吸引切身相關的專案了！然而這個公司團隊不大，面對類似的機會實在無從比較。於是我進一步協助他們，善用「企業簡介生成器」練習，審核每一份申請案，有更深入的了解，再來做全盤比較，這樣才知道哪些專案可以繼續發展，哪些專案還要再收集多一點資訊，還有哪些專案並不適合。

在這個過程中大家可以坐下來，檢視當下的業務，看出彼此的共同點、盲點、差異點，以及風險和機會。

你主動找媒體之前，一定要先有這些概念。在這個階段，每件事還有修復的餘地，前提是你看得出哪裡有毛病。一旦有共同的願景，就算大家分崩離析、互相矛盾，經過設計和籌劃，還是可以對外發布，隨時提供一致、確信、可信的故事。假設你跟其他創辦人對於「如何」有不同的意見，千萬不要急著提供記者資訊圖表，或開放記者參觀「引擎室」。反之，如果你們對自己的強項有共識，也清楚企業的緣由和業務，那就把企業簡介給記者吧！這在第三章有深入的探討。

我幫過無數的客戶，讓他們順利通過媒體的調查，對外發布合適的內容，搏得公平、平衡、正向的報導。對於自己沒做的事情，無法負責的事情，無須多費脣舌。然而前提是把自己做的事說清楚，透過商業策略自由開展故事，同時認清故事的強項和弱點。

搏取正向的媒體報導有一個重要的關鍵，那就是用五十個字，清楚表達你的願景。做這件事可以給你信心，相信自己是企業的創造者、成長的發動者。你會找到你真心想要的，想清楚以後，自然會吸引你需要的一切。

你能不能證明你說到做到？

記者超愛個案研究。我所謂的個案研究到底是什麼意思？假設你們公司打造了機器人，幫忙獨自生活的老人家，記住每一天吃的藥。你當然可以提供記者技術規格，或者機器人完工後的預想圖。可是對記者來說，更有說服力的是親眼看到機器人服務老人，聆聽老人的意見，確認機器人會改善老年生活。以這個例子來說，所謂的個案研究，焦點會放在幸福的老人家，甚至找老人來採訪和拍攝。記者就是喜歡這種個案研究，因為這可以證明，你能夠實現自己的諾言。死板板的資訊一瞬間變活了。如果記者認定是好故事，經常會主動想辦法，用聲音和圖像來說故事。

由此可見，寫企業簡介有兩個好處，一來你對公司的描述會直接登上新聞，二來你還會獲得個案研究的機會。如果你提供實用的素材給記者，把記者的工作變輕鬆了。記者當然會敞開雙臂，因為他們很清楚，你比較容易找到這個故事的採訪對象和圖片。這威力可大著！你可以證明產品和市場的媒合度，吸引更多的客戶和投資人。

等你寫好五十個字，確立商業策略，做個案研究就容易多了，因為現在的你知道自己在做什麼，用什麼方法做，在何地和何時做。

如果你想學習個案研究，翻到「媒體經營工具包」，有一個章節是「個案研究創造機」。

有一件事要注意，你給記者的提案是「範例」，而非個案研究。我在每一章都收錄了「實例篇」，如果你遇到相關的情境，就有案例和工具可循。「實例篇」是我參考客戶的實際經驗，精心統整而成。但畢竟是虛構的故事，如果記者想要採訪這些人物和企業，恐怕難以如願！

只提供記者範例，想必比個案研究更輕鬆，可是你別想蒙混過關喔！如果記者以為有真實的人物或企業可以採訪，最後卻發現是烏龍一場，會特別生氣！拿不出個案研究的話，就從旁協助記者，由記者幫你找。

實例篇 從第一天起，就把媒體關係納入經營考量

這是我虛構的實例，人物和企業名稱都是我憑空想像，若有雷同之處純屬巧合。我把自己跟客戶合作的經驗加以統整並濃縮，寫出這個故事當成我的教材。

凱西．赫南德茲（Kasey Hernandez）創辦了 *Rewardlet*，這是線上錢包，讓雇主轉給員工驚喜紅利和福利。

我剛創立 *Rewardlet* 不久，心裡就很清楚，我想要搏取媒體版面。我觀察那些出色的金融科技公司，他們很早就開始打造媒體形象，以吸引更多顧客和投資人。我希望從第一天起，爭取第三方的背書，在我們所有通路全力宣傳越快越好。

我對這件事深信不疑，但我不是很確定該如何實現。或者更準確的說，誰可以陪我一起推動。我的營運體系還在規劃當中，該如何把這份重要的業務巧妙融入呢？

我堅決反對把這件事包給代理商去做，因為我的飛機還在建造中，不太敢貿然起飛。我的商業策略還在研擬當中，有很多微妙的細節，*Rewardlet* 正要向外跨出第一步，這些事怎麼可以外包呢？這是我和我們公司的責任。可是另一方面，我也沒什麼頭緒，不懂得搏取新聞版面。雖然這是優先事項，但我手上有很多事情要辦，我要打造一流的團隊，還要爭取顧客！

老實說我浪費不少時間，設法把媒體關係融入我還在發展的營運系統。我覺得這是核心能力，可以跟其他公司有所區隔，我不想外包出去。可是我又卡關了，不懂得搭配媒體關係、品牌、公關和行銷，不知道如何區分。就算我開了新的職缺，要找到一位多才多藝，擅長策略和執行的人還真是不容易啊，我不知道該怎麼評估應徵者的能力。LinkedIn 有不少閃亮亮的計畫，看得我頭昏腦脹。

我想要暫緩處理，但這樣怎麼行呢？我一直在擔心沒有多少時間了。如果我們不趕快做，競爭對手會做，有那麼多金融科技新創企業，我們就會消失在這一大片江山之中。

好，我只有一個辦法了。

我回顧目前為止的商業計畫，翻開第一個章節，叫做「企業簡介」。我看了之後，立刻安定下來。這也具體說明了，*Rewardlet* 之所以是 *Rewardlet* 的原因，雖然還不夠詳細清楚。我挑了幾家金融科技公司，這幾家公司都有爭取到不錯的媒體版面，我看他們如何在官網介紹自己。我開始嘗試用五十個字介紹公司，並且向我的團隊徵求靈感。

我對寫作沒什麼信心。為我們設計商標的品牌代理商推薦寫手給我們。我把大家的想法統整起來，交給那位寫手。我順便分享幾間我崇拜的金融科技公司，請寫手參考他們的官網。我對寫手有兩個要求，一是貼近我們原本寫的內容，二是提供我們三份選稿。雖然不盡完美，但我們倒是一舉完成正稿。我突然力量滿滿，因為我們終於用白紙黑字，清楚說明公司的業務內容。

接下來我回到商業計畫，翻到下一個章節，叫做「市場調查」，我費盡了千辛萬苦，用研究證明 *Rewardlet* 的目標市場，尤其是「為什麼顧客要買我的服務，而非競爭對手的服務」。

我看了商業計畫，回想我期待什麼樣的顧客。我們還處於發展初期，鎖定高成長的新企業，總員工數不到五十人，且仍在持續成長，這些公司的創辦人和高層就是我們的目標顧客。白紙黑字寫清楚，還有這些顧客為什麼要選擇 *Rewardlet* 的服務。

我還會主動求助社交圈和金融科技公司（撇除我的競爭對手），請他們建議適合的人選和代理商，幫忙我搏取媒體版面。我收集三個選項，寫電子郵件，發出一次性的專案企劃，問對方有沒有興趣承接，幫忙我釐清目標媒體以及故事題材，我也訂好截稿期限。

我選一個自己最中意的，附上企業簡介和目標客戶詳情，並且解釋為什麼客戶願意買單。

對方回覆我幾個可信的媒體管道（我的目標客戶有可能會看）。對方也提供適合媒體刊登的故事題材，可望搏得媒體版面，並彰顯我們公司的核心業務。我們要跨出去了！

但是我知道，現在還不是找記者的時候！雖然我對自己的品牌很滿意，但公司網站還不夠完整。我心裡很清楚，記者或顧客看到新聞報導後，第一件事就是上我們的官網和粉絲頁。

如今我們的企業簡介寫得如此動人，可以放在官網的歡迎頁或「生平」。我把這些故事靈感分享給網頁設計師，這樣他們更清楚網站要架設給誰看，網站想傳達什麼訊息。這一切對網頁設計都有幫助。

等到官網符合我的要求，我回頭找媒體關係專家，釋出第一則新聞。他們寫好新聞稿，向幾個目標媒體提案，終於獲得第一篇新聞報導了！我們直接把報導放在官網和社群網頁上。

我們剛起步，就獲益良多！我搏得媒體版面，一方面是靠我寫的商業計畫，以及自己的詮釋。另一方面我也借助專家的力量，可以更有針對性，瞄準我們真正的需求，請專家代為執行。

現在我懂得把媒體關係融入公司營運。對我來說，媒體關係是風險，也是責任，攸關企業的聲譽，可以讓我們大賺或大賠。我必須考慮兩個層次，一是初階層次，包括定期針對財務、法務和IT，做好風險責任評估。二是高階層次，主動跟媒體打交道。舉例來說，簽到第一個海外客戶，我們就有責任搏取新聞版面，以免錯失上新聞的良機。從低階和高階雙管齊下可以發現弱點，預先備妥危機應變說詞。比方初階層次正面臨IT問題，公司最好有一份「備用聲明」，一旦波及消費者，就可以對外發布。

你提案時記者都在想什麼？

我有一項競爭優勢備受客戶肯定。我可以跟客戶分享，記者腦袋瓜到底在想什麼。我發現企業經營媒體關係，經常有幾個疑問。你閱讀這本書的過程中，可能也會有疑問，所以我統整起來，分散在不同的章節。因為我認為學習換位思考，釐清為什麼要跟對方合作，才有機會建立自信、連結和氣勢。

觀點（Angle）

「這有什麼觀點？」你向記者提出採訪邀約，記者感到不耐煩，就會丟出這個問題。你再不快點切入正題，記者可能會掛你電話喔！

可是！記者這樣回應，總好過回應你「不適合」，或者石沉大海。

記者有這個反應，大概有燃起興趣。只不過，你必須盡快畫重點。

想像一下，你站在記者面前，他眼前一片模糊。你連忙遞上眼鏡，讓記者戴上（就像做視力檢查），頓時清晰起來。你一定要幫記者戴好眼鏡，即使只有單片眼鏡也無妨。該怎麼做呢？接著看「企業簡介」……

企業簡介（Boilerplate）

動作快一點，把故事端到記者的眼前，一下子前景和背景都備妥了。有兩個常見的錯誤，一是把寶貴的時間都耗在解釋「背景」，而非「前景」。「前景」才是你提案的故事，有來龍去脈。二是只提供一般資訊，讓記者自己發現故事，千萬不要幹這種傻事！

我坐在BBC的新聞編輯室，為各大新聞管道篩選新聞時，一旦看到這樣的開場白，「先介紹一下我們公司」，我馬上會啟動「干我屁事」的預警系統。

因此「企業簡介」就是一個好方法，大約五十個字，讓記者歸類你的業務內容。當你發出採訪邀約信，把「企業簡介」貼在新聞稿最下方，平常就事先準備好這段簡練的文字。

如何寫出記者好讀的企業簡介呢？我已經為大家準備好資源了！翻到「媒體經營工具包」，參考「企業簡介生成器」。

可信（Credible）

你把新聞發給記者或投資人，對方會好奇：「這個故事和發信人可信嗎？」當我篩選無數的信件，為BBC《廣角鏡》提供研究調查，我也會自問：「這個故事有什麼矛盾？」、「為什麼對方要提供這個消息？」

如果同樣的消息有好多人同時提案，我當記者看了會很訝異。如果你也發出類似的新聞，這是好事，因為記者看到你的提案，可能會看好你的故事，覺得這是新的趨勢、基調和主力，可望影響世界。一想到可能掌握時代力量，我就會把這則故事排在前幾位。

小心喔！你提供故事，但記者看上的可能是故事，而不是你。要是記者採用競爭對手的資料，來報導你的新聞提案，你肯定大為震怒。為了避免這種情況發生，讓自己成為可信的消息來源，有一個最好最快的方法。無論是什麼故事，一定要在提案附上「企業簡介」。這是給記者方便，節省記者的時間。對記者來說，最可怕的惡夢莫過於向新聞團隊和編輯推銷故事和消息來源，結果卻出了差錯。因此你必須盡其所能，讓記者感到安心。

截稿期限（Deadline）

對記者來說，截稿期限沒得商量，這不是他們可以控制的。想像一下，節目「開天窗」，廣播沒有人在說話，電視黑壓壓一片，畫面直接定格，甚至畫面中斷，我想到就覺得恐怖。

「大媒體」階層森嚴，但無論是「再大的人物」或再高的位階，一律要受制於出版日期和播出時間。產製新聞時整個團隊要快馬加鞭，掌握最新消息。對截稿期限的恐懼和尊重，早已根植於新聞編輯室。（部落客可能不吃這一套，可以自己安排時間，但如果讀者變多了，大家會期待部落格定期更新，部落客仍有時間壓力）。

除非你的故事趕上截稿日，否則記者決不採用。如果這關乎你的其他優先事項（你當然會有），簡直是惡夢一場。這時候真希望記者可以在最後一刻，無條件調整截稿期限。

說真的，你隨時要有心理準備，你可能搭上雲霄飛車，也可能搭不上車。別傻了，這是你無法控制的，就算「跟記者打好關係」，或者只跟特定媒體合作也沒有用。媒體會上鉤，只是因為你有好故事。

這不帶個人感情。新聞是活的，一直在變動。還記得有一次新聞爆發，我剛好在護送偉大的工黨政治家和運動人士湯尼．班恩（Tony Benn）回家。我只好安慰自己，真是不巧啊！

編輯（Editor）

你跟記者協商的過程中，雖然看不見編輯，但編輯握有至高無上的力量。你花了一堆時間跟記者打交道，記者對你們公司瞭若指掌，確實為你寫出一些好報導。不料你的新聞被撤掉了，即使新聞刊出了，卻面目全非，或者主要內容無誤，但標題不符期待，又或者沒有知會過你，就私自加油添醋，尤其是加了競爭對手的內容。

這一切都有可能發生，畢竟記者不是最終決定者，你也沒有機會直接接洽編輯。因此一位理想的記者，必須把你的新聞寫得無懈可擊，而且有足夠的經驗為你打好預防針，以免你期待過高。

這種情況下什麼是你可以控制的呢？

提供記者簡明的文字，快速通過新聞生產鏈。寫好「企業簡介」，用五十個字描述你的企業（而非你的故事），附在每一篇新聞稿，以及每一封邀約信件和電話。這樣報導出來的新聞最準確，最符合你的要求。

事實（Fact）

自從我離開新聞業，前往大企業服務。在我跟企業一起開策略會議，卻忍不住想要翻白眼，但我壓根沒意識到，因為我會翻白眼，是因為我的腦袋在尖叫，「誰可以說一些確鑿的事實嗎？」

我辭掉新聞業的工作，開始協助企業經營媒體關係。這些「企業會議」快把我嚇死了！我以前只開過新聞編輯室的會議，一下子就開完了，只討論已知的事實。企業會議沒有事實，一直在討論方向和找方向。企業的截稿期限通常說改就改。這種文化衝擊，做採訪邀約時感受格外深刻。

企業不能理解，為什麼記者這麼在乎截稿期限。企業會一邊提供事實，一邊漫談。如果最後沒有上新聞，就開始怪別人，說什麼「記者不懂我們」，再不然就是怪自己，說什麼「主標／標題不夠吸引人」。其實最主要的問題，就是對記者的工作不夠了解。

第一章總結

第一章介紹三大關鍵事項，讓你準備好跟媒體打交道，滿懷信心完成下列三件事：

- 你能不能用五十個字清楚說明你的業務？
- 你能不能把商業策略看成你正在寫的故事？
- 你能不能證明你說到做到？

好了，你現在很清楚，
有哪些事情必須從企業內部做起。
第二章接著探討為什麼記者吃這一套。

Chapter 2

揭開神祕面紗：如何獲得媒體報導

新聞業不是黑魔法，而是一門古老的產業，階級森嚴，很多嚴格的規定，以及不容妥協的截稿期限。

傳輸重要新資訊給某群人，打好起始日期，對一般人來說難以辦到，但這就是新聞業的基本禮儀。說到當今的全球新聞業，深深根植於十四世紀以來，歐洲地區的印刷資訊傳播活動。

新聞業歷史悠久大家卻一知半解，我猜，是因為新聞業就像電一樣，無所不在，大家只看到成品，卻不知道背後的運作情況。企業多半不清楚新聞業的行規，所以不懂得跟記者打交道。企業只好用自己的行規來推敲新聞業，或者從小說認識記者這一行，問題是不符合新聞編輯室的實情。

第二章破解外界對記者的大迷思，給大家幾個重要的提醒，以最有效率的方式，搏取適合的媒體版面。

我會指導你：

- 每一個故事的兩大組成元素。
- 記者如何去推銷你的新聞。
- 處理新聞故事時，留意「記者時間」（讓你繫好安全帶，順利搭上車）。

科技發展（從印刷媒體到社群媒體，從電報到網路直播）確實會改變新聞的規模、速度和尺度。但新聞業做的事情，說到底仍是說故事。我並不覺得，這有什麼大改變。

每一個故事的兩大組成元素

對記者來說，故事有兩大元素。首先，「故事是新的嗎？沒有人聽過嗎？以前沒發生過嗎？」「新聞」（news）這個字就是從「新的」（new）延伸而來。如果你正在思索，該準備什麼故事提案，該如何爭取採訪機會，腦海中第一個浮現的問題，必須是這個！你提出東西，一定要新的。你要留意一下，不僅對你的公司是新鮮事，對整個世界來說也要是新鮮事！

這就關係到記者追求的第二個元素：這個故事有沒有趣？有沒有影響到或牽涉到很多人？你大可催眠自己，很多人對你的業務感興趣，因為你的團隊和周圍的社交圈都全心投入。但你必須跨出自己的勢力範圍，確認你的故事是否也對其他人有意義。

我經常遇到一個情況，客戶特地辦活動，但活動的人氣或氣勢不如預期，卻要我幫忙搏取新聞版面。我體會到活動的熱度，這在我客戶的世界裡確實是新聞，但除非是家喻戶曉的品牌，否則通常上不了新聞，或者只搏得小小的版面。

為什麼呢？因為整場活動以及全公司的熱忱都是沒來由的，雖然在官網大肆宣傳，但活動標誌跟企業商標毫無共通點。可見辦了這場活動，反而埋沒了不為人知的企業核心認同。記者碰到這種故事可能會直接避開，因為太含糊了，搞不清楚新聞來源，不知道整場活動的意義。或者記者可能搞錯故事方向，把企業和活動混淆了。

企業舉辦特定的活動不一定清楚背後的邏輯，只是急著把新聞傳出去。企業完全沒想到，活動的邏輯必須先搞清楚，結果記者進來了，瞬間露出馬腳。為什麼要辦這場活動？活動目的跟企業使命有什麼關係呢？

如果你想針對目標社群辦活動，招募更多人參與你的專案，放手去做吧！這是一個有威力和意義的草根行動，但千萬不要把這件事當成新聞焦點！就連地方新聞也不適合。媒體要看更大的格局——這對於大多數人有什麼新奇的？這對應什麼趨勢？這有什麼影響力？先亮出企業，再來才是活動。比方說一個故事，你試圖把英國廢棄的電話亭改造成遊民的上網熱點，因為你創立這個企業，是為了終結無家可歸的問題。接下來，你才開始詳述，你在利物浦做了什麼事。如此一來你舉辦的活動，開了歷史先河，而且是大格局的個案研究。

記者熱愛的故事不只要新穎，還要有新趨勢，因為這可以影響更多人。

什麼是新呢？因為太罕見，無論誰看了，都可能感興趣，因為覺得自己是「歷史見證者」。例如，某一種彗星或花朵每隔百年才出現一次，這些故事通常會受到媒體關注。彗星和花不是新聞，但因為難得出現，唯有當下活著的人，可以經歷「剎那永恆」。

我當記者的時候，報導過倫敦7/7爆炸案。當時接到通勤者從地鐵、隧道和巴士拍攝的照片。我後來製作一部紀錄片，訪問那些傳畫面給我的人。我追問他們，經歷極度的危險和恐懼，怎麼會出於本能拿出手機，發照片給BBC新聞臺呢？倫敦7/7爆炸案發生於二〇〇五年，照相手機正在英國普及，Twitter和Facebook之類的社群媒體尚未在英國流行。

他們回答的原因完全合乎情理，令我動容。他們把消息盡快傳出去，是為了保護其他人。然而有些人強烈覺得，自己「正在創造歷史」，必須「盡一份心力」記錄歷史。

只要你的故事難得一見，就可以喚起一般人「見證歷史」的本能，當然也可以吸引記者！史蒂夫．賈伯斯（Steve Jobs）更新和推出新品時就深諳此道。重量級科技盛會消費電子展（CES），也是靠著新科技「亮相」，搏得大篇幅媒體報導。為了達成目標，你仍要說服記者，你的故事「新穎」或罕見，甚至拿出證據背書，讓記者相信這個故事夠吸睛。例如賈伯斯傳奇的新品發表會，強調果迷人數持續成長，這豈不是向記者保證，很多人都對蘋果的業務感興趣嗎？於是媒體爭相報導，新品發表會的曝光度升高，蘋果的名氣高漲。

我做個總結，你寫出來的故事必須滿足記者的兩大條件：

- 新的嗎？（罕見嗎？）
- 影響到很多人嗎？

這兩個條件，不也是你搏取媒體版面的理由嗎？你的終極目標不外乎「排擠」競爭對手，爭取大家的關注，拉抬業績成長。由此可見你和記者的目標大致相同。當你主動出擊，清楚媒體的需求，你跟記者才會站在同一陣線。

記者如何去推銷你的新聞？

我當記者的時候，如果發現值得追蹤的新聞，我跟新聞團隊以及編輯開會時，必須向其他人遊說，讓這個提案登上報紙或電視。我等於為這篇新聞負責，要是有什麼原因，導致這篇新聞失敗，我就倒楣了！一旦我決定出手，就希望新聞大紅大紫。我會向提案人索取圖片或個案研究，讓這個新聞站得住腳。我也會督促企業發言人安排重要的訪談。

如果我警覺到這個故事不妙，可能會發生我處理不來的問題，我會直接放棄。有幾個常見的危險訊號。第一，企業簡介出紕漏，以致於我對消息來源的理解突然不再可靠了，例如企業總部設在英國某個地方，等到我想去採訪，公司卻改口總部早就搬了。第二，我看到新聞稿引用某個人的話，希望可以安排採訪，公司卻回答沒空。第三，新聞稿提到某項產品或服務在全球上市了，公司卻不讓記者報導。

記者很懂得迴避風險，而且記者有一堆故事和人物可以報導。我待會舉個例子，讓你感受一下，記者接到採訪邀約是什麼感覺。我在「媒體經營工具包」，也會分享寫新聞稿的祕訣，引導你編排和提案，保證它登上新聞版面。

這樣看來記者就像投資人，如果跟你合作沒什麼賺頭，他連自己的團隊都說服不了，他絕對不會投入，或者會直接撤離。新聞編輯室追蹤一則新聞，把時間和名譽都投入了，所以最重要的是報導的理由。除了時間和名譽，新聞編輯室也投入資金。派出直播車的成本很高！既然你是「投資標的」，就要滿足投資的條件。

大家總以為只要跟記者打好關係，記者就會乖乖寫新聞。這在我看來只是戲劇情節安排，不符合實情。因為新聞產製的過程，不是記者一個人控制的。養一個孩子要靠全村的力量，報導一則新聞要靠整個新聞室。

就算能力和經驗都到位了，也不能保證故事會上新聞。為了提供優質的編輯成果，就連獨立出版的部落客也可能刪減或捨棄你的故事，選擇另一個更棒的故事。所謂更棒的故事，可能是更新穎或者更罕見，跟更多的讀者切身相關。

以前當記者，我會為自己的故事挺身而出，負責任。我喜歡跟自己最愛的窗口一起製作新聞，但我不可能二十四小時都在工作，一直在挑新聞以及出新聞。我在BBC新聞頻道每次輪班十小時，時而規劃新聞，時而發布新聞。因此有時候我樂於討論新聞題材，有時候會忙著出新聞。

我當媒體關係顧問之後，客戶經常提供「友好的」記者名單，麻煩我提案給對方。但如果記者剛好休假，整個計畫就無故停擺了。

跟記者「打好關係」不保證就會順風順水。我以前製作BBC《新聞之夜》（*Newsnight*），一定會預先採訪來賓，大致了解來賓想表達的內容，以及對方的論述是否流暢。這是電視節目的常規，可是我的訪談風格，跟真正的主持人傑瑞米・派克斯曼（Jeremy Paxman）天差地遠。我的窗口和來賓到了攝影棚現場受訪，仍要面對唇槍舌戰。

既然「靠關係走捷徑」是迷思，怎麼搏取媒體版面才好呢？大家想跟記者建立關係這是合理的考量，但更重要的其實是跟記者所屬的媒體打好關係。如此一來，你的採訪邀約就會在整個媒體流傳。

我在第一章提過，企業簡介一定要寫好，以便隨時複製，貼到任何新聞。同理可證，提案也要把握幾個重點。

想像一下，我們正在倫敦的演說廣場（Speakers' Corner）。星期日的早晨，每個人可以到此公開發表意見。站在肥皂箱上，抒發自己的言論。民眾看這些人演說，選擇自己最有興趣的講者。這跟菜市場沒兩樣，只不過菜販是叫賣「蘋果和梨子」，演說家是叫喊關鍵論點，搏取注意力，甚至是支持。

我舉這個例子，幫助你想像提案的過程。你覺得所謂的提案，就是向某一家媒體某個記者提案，說到他能夠理解和喜愛，願意接受你的稿子，故事就會登上新聞版面嗎？當然不是啊！第一位記者滿意了，他還要向新聞團隊提案。他的團隊還要向其他團隊提案，無盡的提案！如果你同時聯絡好幾家媒體，同樣一套劇碼，還會在不同的地方上演呢！

因此你交出來的東西，必須能快速提案或交接。提案，就好比接力棒，你的故事在這條路上，會經過好幾個團隊和程序，最後抵達終點線，順利登上了新聞版面。小型新聞機構也是如此，只不過記者就是最後決策者，不用向別人提案。只要你提供的故事夠完整，可以直接複製貼上，你對自家企業的敘述文字就會直接上新聞。反之，要是你做不到，他們可能會婉拒，否則重新改寫太難了，他們只是小團隊，沒什麼時間。

現在回到演說廣場的例子。我正要站上肥皂箱分享你的故事。你該如何幫忙準備講稿？

你不可以在我上臺之前，突然丟出一大堆資訊，因為其他講者蓄勢待發。如果再繼續浪費時間，就會錯失被聽見的大好機會。再者，你不可以提供太多複雜的資訊，因為我有朗讀的壓力，不可能完全讀對。我甚至有可能誤讀，或讀成不一樣的故事。

每當你寫提案和新聞稿，試著想像上述的畫面！如何寫得更完備，為你的故事背書呢？此外，想一想演說廣場的聽眾！他們聽完我的演說，接著還要跟親朋好友相聚，把他們聽到的內容傳出去。你期待他們聽到哪三個重點呢？

我舉這個例子還有一個主因，這象徵聽眾有許多演說家可以選擇。新聞編輯室開會時，某位記者提出你的故事，在場的每一位記者都有提案和聆聽的機會，為各自的故事搏得報導機會，或者爭取最多的資源，成為編輯的報導主力。我曾在地方報紙實習，真慶幸可以跟大團隊共事（換成現在就小多了），我真的是卯起來爭取頭版和內頁的導言！你必須從這個角度出發，來思考你的新聞稿，給記者無懈可擊的提案。

提案要思考的東西太多了，只是我透過演說廣場的例子加以簡化。想像你把提案和新聞稿交給某人，他會站上肥皂箱為你的故事奮戰到底。

翻到「媒體經營工具包」，有很多方法等著你：

- 套用理想的模板，寫出你的新聞稿。
- 找到適合的記者（備忘條）。
- 提案給記者的七步驟（腳本）。

報導故事時的「記者時間」

我離開新聞業和新聞編輯室，開始為企業經營媒體關係企業跟時間的關係，我看了真不習慣。我並不認為記者的時間觀比較正常。我倒認為，記者和企業有各自根深蒂固的文化，完全沒想到還有其他時間觀存在。搏取媒體版面的流程，一端在企業，另一端在媒體。我傳授給大家的流程，不會只有某一種時間觀，否則整套流程就失敗了。

兩邊我各舉一個例子，你聽了就會明白。

我還記得在BBC地方電視臺當記者，預計報導缺水和限水的新聞，我邀請自來水公司執行長，接受午間新聞的訪問。對方卻回覆我，執行長行程滿檔。我真是驚訝！他上我們電視臺，不就可以對外發言了，還有什麼事情好忙的？

我匆匆下了結論，推測他不想受訪，但我心裡又擔心，等到新聞播出來，觀眾看到他缺席，自來水公司恐怕有失面子。我跟他的團隊解釋，這則新聞會安排在頭條，下午一點半，無數的自來水用戶都在收看，想必會希望決策者出面解釋限水的原因。

有了這個好處，執行長立刻回電，搭上計程車，到攝影棚接受訪問，認真回答尖銳的問題。我們的觀眾終於明白，自來水公司已經盡其所能，把限水的衝擊和期間降到最低了。

從記者來看，我對執行長的要求完全合理！這個新聞事件影響到整個郡，在宣布限水當天，下午一點半的午間新聞，這是一則頭條，排擠掉其他的突發新聞。他是自來水公司的執行長，終究要為公司的決策負責任，向所有人解釋清楚。

當天採訪完畢，我跟執行長閒聊，一窺他的世界。他之所以行程滿檔，是因為跟一堆利益關係人開會，解釋並說明限水的決定。他甚至跟公共團體合辦活動，回應民眾的疑慮。他和他的團隊從來沒想過，媒體採訪時間竟然會沒得商量，而且非他不可。雙方對時間有不同的理解。自來水公司和執行長以為採訪的時間很彈性，只可惜記者的時間卡得很死，午間新聞非要一點半開始。這是大新聞，肯定是頭條。

後來我到企業內部處理媒體危機，更能夠體會執行長的難處，不可能為媒體清空行程，執行長身為企業首腦，大家期待他出席重要場合。我可以同情執行長的處境，但我也知道，記者不可能控制時間，取消一點半新聞快報，或改到執行長方便的時間。因為觀眾正等著看新聞，更何況往往還有很多故事排在那個時段播出。

另一個例子來自企業。企業特別聘請我，為一則全國新聞搏取媒體版面，挑在企業全年最忙碌的一天，邀請所有記者到總部做直播報導。客戶找上我時，比整場活動提早三週。我負責很多事項，其中最令我訝異的，莫過於參加每日會議，確認有哪些媒體會到場。

我想做好期望管理，於是我說了，「最好的情況是兩天前定案，但更有可能的情況是前一天下午兩點過後，媒體才會陸續確認。要是有更大的新聞爆發，媒體就不會來了，或者會臨時離場。」

「那我們要怎麼規劃？」

企業和記者的時間觀，還有另一項差異。我看過不少企業過了期限還沒有交貨，導致預算超支，難題接踵而來。然而我從來沒遇過新聞快報或報紙開天窗，除非是計劃好的罷工行動。我相信會有這種事，但機率很少。

企業打算跟記者合作，最好先理解記者的時間觀。有了這些概念，你可以輕鬆決定，要不要投入時間和資源，該如何投入和分配資源。我來幫助你理解記者的時間觀吧！

想像你站在一間大火車站，牆上有看板或螢幕列出每一班火車的抵達和發車時間。這就像記者眼中的新聞。每一則新聞都有固定的時間或截稿日期，以及最後要抵達的終點。至於電視新聞記者對於自己的期待更清楚了，甚至到了分鐘的程度。舉例來說，如果你受邀參加 BBC 廣播四臺《今日節目》（*Today Programme*），指定你在早晨八點十分談話，這可不是隨便訂個時間。這個時段專門做重要採訪，製作人承受莫大的壓力，非要在特定的時間完成那一場採訪。

試想你站在火車看板前，確認火車有沒有來，確定沒有跑錯月臺，你肯定很緊張吧？你可能提早到火車站。你可能重複確認車票或手機。看這個例子，你總算明白了，記者打電話給你，指定採訪的時間和要求，就是這種心情啊！記者講話速度可能超級快，語氣有一點激動。這是因為他們說話時，腦中閃過這一串想法：這份工作必須在這個時間完成，非要在這個時間和地點播出。

現在想一想火車時刻表，這些資訊是怎麼滾動的？火車的班次一直在增加或更新，火車抵達和出發的時間也在變。記者的世界也是這樣的！記者早就為你的新聞安排出發的時間和地點，但後來其他故事或新聞有變動，記者當然要跟著變通。

我希望你可以明白，記者為什麼會突然激動起來，緊迫盯人，沒事先徵詢過你，就擅自更改計畫，彷彿原本的安排都不算數。

想像一下，火車時刻表突然黑掉了，火車站宣布新的班次，這是你從來沒見過的黃金火車，即將進站了。火車站還宣布，這班新火車有足夠的空間和座位，可以載送每一位乘客而且更快到達目的地。你還聽說車上有一隻會唱歌的獨角獸。火車站每一位乘客，都想要搶搭這班車，把時間、月臺、目的地，還有他們接下來的計畫全部拋諸腦後。這可是千載難逢的機會啊！

現在火車站宣布會唱歌的獨角獸，開放供每一位乘客拍攝，而且火車站有提供高速無線網路，可以立刻把影片分享出去。你可以想見，整個火車站的氣氛全變了。

這就是新聞編輯室的情況，不管是正面或負面的突發新聞，一旦爆發出來，就是這個樣子。一時之間，意外事件發生了，影響到每一件正在運轉的事情。

某個提案本來一切順利，卻突然更動或取消，這不是記者個人的問題，也不是記者三心二意。大家要記得，這是記者無法控制的，而且記者一向是投機份子。

你為心中期望的報導預先設定時間表，就會面臨這種情況。因此你心裡要有個底，以免你和合作對象有不切實際的期待。

基於這些原因，我擔任媒體關係顧問必做兩件事。第一件事是不厭其煩，秉持真誠的心，管理客戶對報導的期待。客戶花錢聘請我，我卻要告知客戶，有可能上不了新聞，這是很難受的事情。可是如果我不說出來，反而會誤導客戶。因此我會先告知執行長，這就像坐雲霄飛車一樣，讓他們心裡有譜，再來決定投入的時間和資金。

這本書分享的資訊無非是幫你做決定，你要不要搭雲霄飛車？何時要準備上車？我對於投資報酬率低的故事一定實話實說，尤其是「講求速成」的提案。如果客戶特別急，硬要在最後一分鐘搞定，聽了我的實話可能不太舒服。因此第二件事是準備B計畫，至少有要事可以做，從失敗的A計畫重新振作。而且我會A、B計畫一起規劃。

B計畫包含下列事項：

- 詢問電視臺可不可以預錄採訪。如果不巧現場採訪出問題，至少還有畫面可用，不必再跟忙碌的執行長敲時間。
- 企業內部先錄好採訪或寫好新聞。如果不巧新聞版面告吹，至少還可以放在自家的媒體管道。

- 事先安排廣告。如果不巧新聞報導出問題，至少還可以在目標媒體亮相。有時候廣告不只是優秀的B計畫，本身也是一個好計畫，因為廣告比較好掌控，廣告也可以做得跟新聞一樣吸睛，例如在報紙刊登公開信，或者把廣告設計成第一人稱的思想領袖專欄。

現在回到火車站的例子，想像另一種的體驗。旅程前三個月提早買車票，可以享受超級優惠價。有折扣當然好，可是訂票的時候不可能放太多心思，畢竟你還不確定能否成行，未來三個月變數太多了，尤其在疫情期間。你心中有計畫，卻不可能詳細規劃，因為沒這個必要呀！如果你打電話向記者提案，一直講你們產業的事情，記者的心裡就會這麼想。你的提案不用寫一堆計畫，因為等到實現那一天，一切都有可能改變。

對記者來說，兩天後的事情還很遙遠，記者的腦袋很有效率，正忙著思考上述的事項，只好擱置跟當下無關的事項，二十四小時播送的新聞媒體尤其如此。今天的計畫都是在前一天規劃。你當然要先知會媒體，否則當天再來接洽不太可能會成功，因為媒體在前一天就已經安排好新聞！

因此你必須知道，如果太早聯繫媒體也是沒有用的。這可能有違多數企業的直覺。對企業來說，越早計劃或預備越好。然而聯繫得太早，記者會興趣缺缺，你可能會覺得，記者真沒禮貌，沒有得到明確的答案。你的故事很久以後才會報導，記者無心詳談太遙遠的事，即便這是一個好故事。如果你得到這個回應，很容易對自己的故事沒信心，誤以為記者沒興趣。當你吃閉門羹，通常不是故事不夠好，而是記者還沒有心力處理。

很有趣的是，你等到時間近了，再來聯繫記者，記者的反應會全然不同。他不再興趣缺缺，反而興致盎然，講話猶如連珠砲，你還以為你太慢聯繫了。不是這樣的！這代表記者對你的故事有興趣，還記得火車時刻表嗎？記者正在思考，該如何安插你的故事。

回想上一個例子，你提早三個月預定火車票，你會有什麼行為和感受？你對旅程有什麼感受呢？等到出發當天或前一天，你又會有什麼感受？

有一些媒體的截稿期限特別長，例如高級亮光紙印刷的雜誌，雜誌答應在十二月報導你的故事，十二月份的雜誌，十一月就會開始販售。十二月號雜誌的截稿日期可能在八月初，你答應記者之前，一定要搞清楚截稿日期。十二月份剛好是聖誕假期，這一期雜誌的「前置準備期」特別長。一般雜誌至少兩個月，這是雜誌預留的製作時間，跟新聞節目差別很大。

換成企業的世界，看似固定的截止期限，其實可以延長或調整，反觀記者絕對不容許這種事情發生。如果你在七月中，敲定十二月號雜誌報導，你可能還以為時間很充裕，但其實快到截稿期限了。如果這則報導還要在公司訪談你，或者進行拍攝工作，一定要事先安排，提早兩週調整行程表。你有什麼事情可以先做好？向記者提出採訪邀約前，務必先有這個概念，以免錯失良機，或者跟其他重要行程發生衝突。

常見的時程表

下面圖表列出各種媒體適合的提案時間。「媒體經營工具包」還會介紹提案的內容，以及提案的工具：「套用理想的模板，寫出你的新聞稿」；「找到適合的記者（備忘條）」；「提案給記者的七步驟（腳本）」。

如果你只求上新聞，不在意哪一天，說不定有一些媒體可以在當天刊登，前提是你提供的新聞稿完全符合媒體的需要，有時候媒體會直接複製貼上。「媒體經營工具包」有更詳細的內容。

媒體管道	發出新聞稿／提案的最佳時間
廣播或電視臺	先想好你希望哪一天上新聞，提早兩天聯絡企劃部。記者可能會叫你隔天再打，那就再重複聯絡一次！
新聞通訊社	如上
日報／網路新聞	如上

週報	查詢報紙出刊的日子，當天下午聯絡企劃部，讓記者有一整個禮拜可以籌備。 週報可能有網路報紙，你的新聞可能會提早上刊，比紙本早一點曝光。
每月出刊的雜誌	聯絡廣告部門索取媒體行事曆，行事曆會列出送件和出版日期，幫助你看見機會。如果是每月出刊的雜誌，送件和出版通常會間隔兩個月。 但如果是商業周刊，可能只有一個月，比較在乎新聞的時效性。反之沒有時效性的雜誌，通常有兩個月的「前置準備期」。
播客和部落格	播客和部落格就很難說了，最好找到你的頭號目標，查詢他們的網頁，或直接詢問截稿期限，再來處理送件。

實例篇　第一次搏得新聞頭版，我們是怎麼辦到的呢？

這是我虛構的實例，人物和企業名稱都是我憑空想像，若有雷同之處純屬巧合。

我把自己跟客戶合作的經驗加以統整並濃縮，寫出這個故事當成我的教材。

維維安・古德（Vivienne Goode）是*Goode Publishing*的執行長，這是推動社會

公益的獨立出版社。

我不是出版業的新手，我在出版業打滾二十五年，待過好幾家大型出版社。後來才出來自立門戶，創辦獨立出版社，專門出版我信賴的書，其中很多書有自己的小眾市場。一些寶貴的聲音和理念不可能單靠傳統管道發聲，於是我的使命就是給它們曝光的機會。

我們鎖定小眾市場，對記者來說很簡單明瞭，目標明確，要不是入選，要不就出局。我們跟小眾媒體一拍即合，我們的書要登上小眾媒體並不難，更何況小眾媒體的閱眾剛好是我們讀物鎖定的對象，順便建立名聲，提高銷售量。

然而創業三年後，我投資了一本書，不是小眾的類型，主張動物有能力改善飼主的健康。我透過自己的人脈，把有趣的朋友、名人或品牌創辦人介紹給作者，邀請這些人現身說法，分享天竺鼠和馬之類的寵物，如何陪主人度過難關。作者本身也很積極，每賣出一本書，就捐錢給大型心理保健慈善機構，機構執行長還特地寫了推薦序。

有了這些加持，我決定放手一搏，增加首刷的數量，遠多於前面幾本書。我必須坦承，這導致我半夜三點鐘驚醒好幾次，自問「我到底做了什麼」！我決定攻占媒體版面的那一刻，終於睡得著了。我知道不容易，但只要排除萬難，這本書就可以在大家面前亮相。

我相信我做得到，因為這本書針對當前的議題（心理健康），提供不一樣的竅門。這本書的主旨契合無數人，包括正在養寵物的飼主，以及考慮養寵物的廣大民眾。簡言之，這可以滿足記者對故事的要求，一來要新穎，二來要吸引很多人。此外捐款給心理保健的慈善單位，可見這本書不只是為了賺錢，也有心做社會公益，如此一來，我的行銷活動就不是單純的業配。我還邀請一些人現身說法，特別有說服力。記者就是愛聽故事，把好故事告訴更多人。

我自己寫好新聞稿，引用慈善機構說過的話，還有書中收錄的親身經驗。為了登上各大媒體，我覺得最有效率的方式，就是把新聞稿發給新聞通訊社（PA），因為這是記者信賴的新聞來源。我把新聞稿發給新聞通訊社，再打電話確認對方有沒有收到，然後耐心等待。一位記者回電，提出一些問題，告知我會寫成新聞，發給訂閱戶。

後來一發不可收拾！我們上新聞了，記者看到新聞通訊社的報導，得知出版社的名字，開始跟我們接洽採訪和索取圖片。記者也找了慈善機構，以及新聞稿提過的人物，做了一些採訪。我真是幸運，徵求過這些人同意，把他們的故事寫在新聞稿上，所以他們早就有受訪的準備。

我衷心希望，這本書可以登上晨間新聞，這才是我心目中的終極報導呀！正當新聞通訊社的報導發揮神奇魔力，我開始聯絡晨間新聞的編輯部，特別強調這個故事已經上新聞了，讓對方相信，這確實是一則好故事。

我費盡千辛萬苦終於登上電視新聞。我跟新聞臺無數的團隊洽談，因為一個大型的電視新聞節目，習慣把有潛力的新聞納入新聞日誌。一再的交班，像我的新聞稿至少重複寄了七次！還好我有寫新聞稿，直接寄出即可，不用再臨機應變，反覆改寫故事。

由於是電視新聞，新聞臺希望來賓可以帶寵物到攝影棚，而且要在無數人面前分享自己的心理健康問題，可見幕後耗費了多少心力籌備。

但是，我們做到了！上電視的來賓不是什麼名人，卻有動人的故事。受到記者的青睞，她和她的狗一起登上晨間新聞。她手裡拿著書，成功把這本書融入訪談中。

這本書榮登亞馬遜暢銷榜，首刷一下子就賣光了！

你提案時記者都在想什麼？

竅門（Gimmick）

企業提案時，特別喜歡「跟大事件掛勾」或「找名人代言」。可是我當記者的時候，看到這種提案心中會聯想到什麼呢？情人節或黑色星期五購物季前夕，那一堆灌爆我信箱的廠商郵件。

為了「脫穎而出」，最好先搞懂記者的工作習慣，提供記者可以用的素材。新聞業不是黑魔法，而是一門歷史悠久，行規森嚴的產業。把這些行規搞懂，絕對會提高上新聞的機會。

標題（Headline）

說出來可能會嚇到你。記者看新聞稿先跳過標題，只在乎一件事：你的故事。

你是不是先寫好故事，再來想標題呢？

千萬不要坐在電腦螢幕前，拚命想企業新聞稿的標題，這是在傷害自己，也是在毀滅靈魂，反而對你構成困擾。因此先把故事寫好吧！

標題最後再想，讓它自己找上門。你整理新聞稿的故事時，就會發現一些線索。光有好標題並無法吸引記者，除非是可靠消息來源所提供的好故事！我當過記者，這些是我讀過無數新聞稿和提案後的經驗。

牛頭不對馬嘴（incongruous）

向記者提案時，切忌牛頭不對馬嘴。這是什麼意思呢？你寄給記者的新聞稿，說了一個跟你公司不契合的故事。記者看了很糊塗，反而毀了故事。

搏取新聞版面最大的困難，就是找到只適合你公司宣揚的故事，剛好符合你公司的產品和服務。舉例來說，我接過一個新聞提案，關於英國會不會送人上月球。我報導這個新聞有一個條件，就是把格局拉大一點，從國家太空中心（National Space Centre）邀請大批專家和太空人訓練員受訪。提案人可以做到這件事（因為這些人正好是利益關係人，提案人希望幫他們建立形象），後來我們還發現，美國飛行員伯茲・艾德林（Buzz Aldrin）即將到國家太空中心演講！提案人的使命，剛好跟艾德林的演講不謀而合（啟發下一代對太空的想像和潛力），說不定可以邀請他，為現場觀眾解答問題呢！

因此你必須自問：「你這個故事為什麼適合現在說？」確保你每次回覆的答案都一樣！怎麼辦到的呢？最快的方法就是在新聞稿和電子郵件提案最後，附上你的企業簡介，按照我之前的指示，用五十個字描述你的企業。

笑話（Joke）

新聞稿和提案可以講笑話嗎？

我不會直接阻止你。我沒那麼反對，是因為我工作滿幽默的。再說，記者本來就是機智詼諧的一群人。我超愛新聞企劃部的同袍情誼。我跟一些同事成了一輩子的朋友。我們會回味十五年來一起經歷過的荒唐事或意外而哭笑不得。

我擔任媒體關係顧問，跟客戶一起寫新聞稿，其中有一次最好玩的經驗，就是完全在搞笑。我們按照新聞稿的格式，只是把所有內容都翻譯成克林貢語（《星際大戰》中，有一種虛構外星人叫做克林貢人，就是說這種語言），傳給客戶的頭號目標《每日電訊報》（*The Telegraph*），然後附註翻譯。

果然記者立刻回電，笑個不停，說他把新聞稿貼在辦公桌後面的牆上，榮登他「最愛的新聞稿」。這是我經營媒體關係最快樂的時光。新聞稿一寄出，記者就立刻回覆和接洽，只不過……

我們並沒有上新聞。對《每日電訊報》來說，這個故事太「小眾」。我擔心記者不會向編輯提案，於是把新聞稿翻成克林貢語，發揮創新和創意，混淆記者視聽，免得記者一眼看出來，《每日電訊報》只有極少的讀者會對我們推銷的產品感興趣。

在那個情況，我們盡力了。我先跟客戶預告，登上《每日電訊報》的可能性很低，但是把新聞稿翻成克林貢語，倒是在其他媒體的記者間傳開了，這些媒體說不定會喜歡「小眾」新聞。我們終於搏得媒體版面，鎖定消費者會看的媒體，產品銷售量持續成長，也順便跟《每日電訊報》的記者打好關係。如果未來有新聞稿要發，就有一個現成的管道，總算達成了客戶的期望，把《每日電訊報》當成頭號目標。

我再次強調，我之所以走搞笑路線，是因為這篇故事不適合《每日電訊報》。如果你也想搞笑，我奉勸你先對自己坦承：你的故事適合你的提案對象嗎？你有寫出好故事嗎？你是不是在浪費時間？就算勉強通過記者的審核，仍要接受編輯和新聞會議的檢驗。更何況就算爭取到版面或排程（廣播或電視臺），到時候如果有更出色的新聞，還是有可能被換掉。

為了善用時間，你的故事必須符合兩個條件，一來跟你公司的核心業務直接相關，二來要契合目標媒體的大多數觀眾。寫這種故事，讓事實自己說話。

知識專家（Knowledge Expert）

什麼是吸引記者的最佳辦法呢？

大家總以為吸引記者的注意，就是用漂亮的標題「勾引人」。不是的！這漏掉了一個步驟。

我當記者的時候，接到新聞提案，腦中浮現的第一個問題：這個消息來源是不是這個新聞的「知識專家」？企業本身的故事，跟新聞稿分享的故事之間到底合不合拍？

一家專門治療學生心理問題的機構，對外提供學生心理保健的相關研究，這就相當合適！但如果換成一家學生宿舍，做了相同的研究，契合度就低了。

如何強調自己是特定領域的專家呢？最簡單的方法，就是在提案或新聞稿的下方，附上五十字企業簡介，清楚說明你的業務內容。很簡單吧？用五十個親民的語言，說明你公司的核心業務，附在每一篇新聞稿下方。記住了，你提交的故事必須跟這段話有直接相關。

這很難做到，比方你是有三十五年歷史的老企業，多次易主，策略一改再改，對於企業的焦點缺乏共識，或者你是正在媒合市場和產品的新創企業。儘管如此，你仍要打好基礎，否則你是閉著眼睛拿著飛鏢（新聞稿），盲射飛鏢靶（媒體）。

第二章總結

第二章破除大家對記者的迷思：

- 每一個故事的兩大組成元素。
- 記者如何去推銷你的新聞。
- 處理新聞故事時，留意「記者時間」。

你總算明白了，記者是怎麼搜尋和編寫故事，第三章來探討你想要跟記者分享的故事，以及你分享的原因。

Chapter 3

焦點在事業上，並非天花亂墜的故事

愛上你的事業，而非你的故事

我還滿驚訝的，大家對記者的感覺既恐懼又信任。

我離開新聞企劃部轉戰企業界，我聽到同事（企業或公關公司的人）跟記者通電話，交代一大堆資訊。我追問原因，答案是：「我知無不言，記者就會找到他想要的故事。」

什……麼？這是我內心的吶喊。你不可以盲目的提案。你不可以期待記者自己「找」故事。你要給記者故事，而且是對你公司有利的故事，否則何必花這些時間，冒險經營媒體關係呢？

為了達成目的，你必須搞清楚媒體的運作方式（讀完這本書就懂了），勇於跟記者坦白你提案的原因。

我有一個客戶希望獲得正面的報導，刊在《衛報》（*Guardian*）第三版或第五版。我笑了，以為客戶在開完笑，氣氛有一點尷尬，因為董事會成員都在，而且他們是認真的。你有看過正面的企業報導，登在全國性報紙的第三版或第五版嗎？沒有吧！那叫做廣告。如果你向《衛報》提案，內心懷有這種期待，注定會失望透頂。

不過你還是可以講明。一位優秀的記者心知肚明，企業搏取媒體版面，怎麼可能會不期待？事實上，我當記者的時候，如果企業說出自己對合作的期待，我反而好做事，這樣雙方才有機會協商。

你提案之前，花時間想一想，你想給記者什麼故事，為什麼是這個故事。

我來跟大家解釋。現在回到《衛報》的例子，我先弄清楚客戶為什麼想要攻占《衛報》的主要版面，原來是會員期待「上新聞」，以提高機構的能見度。我的客戶歷史悠久，十分專業，有這種期待情有可原。後來我為客戶爭取到一個實質機會，出席BBC兩小時的知名政論節目，跟其他來賓討論該產業的未來。這改善我客戶跟會員（舊會員和新會員）的關係，收入也提升了。

如果你還沒有準備新聞稿，就直接向記者提案，記者經常會打斷你，「你有新聞稿嗎？」從記者的觀點出發，穿鞋子之前，總要先看「地圖」吧！因此先發新聞稿，再打電話確認，等到雙方確定要談了，（經常要）再重發一次新聞稿。如果照這個方法（翻到「媒體經營工具包」，參考「提案給記者的七步驟」，有更詳盡的解釋）。

新聞稿是你掌控故事的唯一機會，所以你要擺在第一位。如果新聞稿滿足記者的所有條件，而且寫得很完整，契合公司的業務內容，記者會直接複製貼上，完全不會修改！這簡直是免費打廣告的機會，又有獨立新聞的威信！有哪一家企業不想要？

基本上新聞稿好比設計圖，以免你的故事離題。我搶救過好幾篇報導，不外乎麻煩記者回去看新聞稿，例如執行長的話（你會放在新聞稿特別強調，最好落在第三段）直接回答某一個關鍵問題，並且從提案一開始，就主動提供訪談的內容。

至於新聞稿怎麼寫，翻到「媒體經營工具包」，參考「套用理想的模板，寫出你的新聞稿」。

提案沒附上新聞稿可能犯了一種錯誤：愛上你的故事，而非你的事業。最明顯的特徵是你提供的故事，並不是基於你的核心業務，也沒有附上記者心目中的「企業簡介」，並未按照第一章的建議，用五十個字清楚說明你的業務，結果呢？記者覺得「故事好」，卻看不出來這是你的故事，於是去找了其他新聞來源！

假設你讀完第一章，滿意你目前的成果。現在重頭戲來了，準備寫故事，向記者提案，幫助企業發展。

第三章有下列三個重點：

- 你想講什麼故事？
- 你希望你的故事何時會發揮最大影響力？
- 你想跟誰說故事？哪一個媒體／記者？

你想講什麼故事？

說到媒體版面，企業大多想「速成」，這簡直是錯得離譜啊！可是「速成」就是深得人心，一來企業沒爭取到版面，就開始反擊和恐慌，二來公關代理商也想證明其價值，給企業一些甜頭。

你對於自己的產品會這樣嗎？打開大門，衝到大街上，隨便找一位路人，詢問「你有空嗎？」只要對方沒有忽視你，產品就免費大奉送，就算他搞錯你的產品也無妨。你當然不會這樣做，但你對於企業新聞或名譽為何卻是這種態度呢？

你不需要大量的故事題材，但你要講究品質和氣勢。這點很重要，我希望有安慰到你。

把你的企業看成是當紅影集。每一集包含很多情節，但看完一整季，甚至一整部看下來，會有「故事線」：

1. 觸發事件
2. 行動呼籲
3. 三大成長點
4. 成功
5. 落難

6. 復原
7. 對世界的貢獻

假設你的企業是整條故事線的英雄：

1. 觸發事件：你為什麼創立這個企業？何時開始累積「觀眾」？（如果你做過第一章和「媒體經營工具包」的「企業簡介生成器」的練習，你手上就會有簡明扼要的五十字企業簡介）。
2. 行動呼籲：第一次的大勝利，例如你宣布募資或贏得大客戶。
3. 三大成長點：三次大勝利，例如跟大品牌或大客戶合作，挖角成功，或者跨足其他領域或產業。
4. 成功：這次成長創造什麼大成就，例如市場估值成長。
5. 落難：有了這些成就，你預計會面臨什麼挑戰或阻礙，你會怎麼因應（有什麼風險）。

6. 復原：證明你會重新站起來。

7. 對世界的貢獻：自從創立以來，你所做的一切，對世界的影響有多大，或者跟競爭對手相比較。

想必你看出來了，這個故事線剛好跟商業策略相符。我在第一章就說過，沒必要另外規劃媒體關係策略，因為這跟商業策略不謀而合。

第五階段「落難」，以及第六階段「復原」，聽起來不像一般的報導題材，卻是任何企業（甚至人生）必經的過程，很有感染力，千萬不要忽略。

這猶如玩遊戲，你成功升級，但心裡很清楚，過程會遇到一連串新挑戰，還有可能輸掉遊戲。不妨讓自己成為「思想領袖」，跟大家分享在這個產業該如何預期和克服挑戰，彰顯你的經歷和機智。

你寶貴的時間和聲譽千萬不要浪費在「速成」上，也不要愛上偏離故事線的故事。我衷心建議你，主動把你企業的成長弧線寫成故事，建立氣勢。翻到「媒體經營工具包」，收錄了「故事選擇器」，善用這個工具，規劃主動出擊的媒體關係。

你公司上新聞的頻率可能適合每個月或每季，你大可以自己安排。但如果套用上述的故事線，你就直接按照順序發新聞。等到完成整個循環，你就可以開啟新的故事循環。或者你從第一個循環挑選特別成功的故事全力推銷，比方某一年，你只對三大成長點或學習點感興趣（第三階段），那就每隔四個月發一次故事，附上調查報告；你也可能想鎖定第五或第六階段，針對你的產業做年度回顧。

你希望你的故事何時會發揮最大影響力？

套用故事線一下子就明白了。你希望何時上新聞。心中有這個概念，你跟記者合作就會更輕鬆，因為你設定好理想的截稿期限。如果不巧公務繁忙，那就把計畫往回推，以免應接不暇。如此一來，你就會在合適的時間提案。

舉例來說，假設你鎖定最後第七階段，分享你對世界的貢獻或影響。你想分享這樣的故事，是因為你有壓箱寶，也知道該如何分享。每次到了十二月，媒體通常會寫新聞，回顧過去一整年，並展望未來新的一年。不妨鎖定你們產業的媒體，找機會登上年度回顧，回顧你的公司和產業對世界的影響，並且針對你公司和產業展望未來。

想必你會覺得，這個時程跟商業策略並沒有衝突，簡直是同步啊！當你規劃該如何在商場大獲全勝，正好可以對外宣傳。只不過你要一邊忙公司的事，一邊跟媒體打交道。說實在的，這就是方法！記者才不想報導募資完的消息，這個消息已經不新了。在本書第五章，你會學習建立媒體關係的能力和後援，以免單打獨鬥。可是你要把行程安排好，因為你是企業創辦人，當然是企業最重要的發言人。

你想跟誰說故事？哪一個媒體／記者？

按照故事線走，最大的好處是你會針對不同的階段，挑選適合的記者和媒體培養氣勢。

如果你事先想清楚，想提供媒體什麼樣的故事（早在你考慮細節，寫成新聞稿之前），你就知道要鎖定哪些記者／媒體管道。

我強烈建議，大約鎖定十～十五個媒體管道，這些媒體要能夠觸及並且打動你的目標閱眾。只不過某些媒體會特別適合。

比方，如果是首輪募資的消息，不妨考慮 *TechCrunch*、*Business Insider*、*Sift* 等媒體，這種新聞剛好適合他們的屬性和讀者。然而第四階段以後的故事弧線，不妨考慮 BBC 新聞網《執行長的祕密》（CEO Secrets），頓時間會有更多人看見你至今的成就和體會。BBC 品牌本身就是值得分享的新聞來源，幫助你建立自己的媒體管道，吸引其他的媒體同行。

當你設定好目標媒體，就算有其他媒體找上門，但因為你主動做好規畫，一下子就看出來，這個媒體的訴求適不適合你。此外你懂得先發制人，應變能力會更好，你手邊隨時有素材，心中隨時有流程。第四章會有詳細的討論。

我不主張「速成」，當然我也不建議，甚至是不理解「亂槍打鳥」。這種搏取媒體版面的方式，把數量看得比品質更重要！企業評估媒體關係的成敗，通常是看搏得多少篇新聞，於是廣發新聞稿衝高數量。我猜想，一部分是企業給代理商壓力，代理商只好拿數字證明自己的效益，一般人搞錯了媒體關係的衡量指標。再來，媒體聯絡人資料庫也是原因。

這些資料庫會助長「亂槍打鳥」。如果只想跟幾家媒體提案，何必費心建立資料庫，收錄一大堆媒體聯絡人？（有些媒體代理商的客戶很多元，確實需要建立媒體聯絡人資料庫，這樣比較省事！）

問題是，企業這樣做成本比較高，收穫比較少。亂槍打鳥很浪費時間和心力，而且特別有壓力。如果頭號目標晚一點才回覆，你卻先答應其他媒體，豈不是分身乏術？

無論媒體再小，記者也不可能降低期待，接受不完整的新聞提案。說實在的，跟小型媒體打交道反而最花時間。

面對不同的截稿期限，你也會分身乏術。如果你的新聞提早上報了，週刊會直接抽掉它，例如你想刊在《星期日泰晤士報》（*Sunday Times*），BBC卻搶在星期二曝光，這頓時成了舊聞，《星期日泰晤士報》會放棄報導。

一次有多家媒體邀約，這都需要有應對的技巧和時間。如果你沒有那個能力，不妨花時間和預算找媒體關係顧問來代勞，他會從旁協助你，找出頭號的媒體目標，或直接物色媒體代理商（善用資料庫做媒體營銷和提案）。

記者經常到處跑，尤其是大型新聞機構，臨時借調到不同的班表、團隊和節目，沒有待在他平日的崗位，媒體聯絡人的資料庫不可能隨時更新。第二章早就說過，把希望寄託在某一個記者身上不僅沒效率，也不切實際。你最好要確定頭號的媒體目標，善用新聞企劃部的聯絡電話和信箱，而非特定記者的詳細聯絡資料。

翻到「媒體經營工具包」，參考「故事選擇器」，找出你想說的故事，你想聯繫哪些媒體。如果你反覆提到某一家媒體，它就是你的頭號目標，這時候翻到「找到適合的記者（備忘條）」，找幾個簡單的招數，趁提案之前，取得對方的聯絡資訊。

我評估主動式媒體關係，不會參考一般的衡量指標（用新聞數除以耗費的時間）。不然呢？我拿什麼評估？如果無法追蹤並且評估成績，企業該如何考慮投入多少的時間、金錢和聲譽呢？

我建議兩個衡量指標：

- 媒體關係計分卡
- 媒體關係價值計算機

媒體關係計分卡列出了主動式媒體關係的八大好處。本書一開始，我就有提過一遍。我們再看一次：

好處	證據，例如你搏得的媒體版面，比方刊載在很多人會看的媒體，或者目標顧客會看的媒體	分數1～5（1分是沒有這個好處，5分是有這個好處）
以零成本或低成本，獲得媒體曝光機會		
建立公信力		

快速建立行銷管道		
獲得值得分享的高價值新聞		
找到適合的產品市場		
成為思想領袖以及「新品項的先驅」		
募資和募得更多資金		
獲得外在認可		
總分		

這麼做的話，第一個優點就是給你和公司一張檢核表。每當要建立任何媒體關係，先審核一遍。你可能握有好故事，但會有這些好處嗎？如果沒有，為什麼還要做？不妨再重新考慮，確定要不要提案？

你可能不需要每一個好處。有的好處跟你的業務無關，有的好處只跟特定故事有關，因此計分卡是可以調整的，我來教大家怎麼用。

這本書再三強調，主動式媒體關係從新聞稿開始（「媒體經營工具包」提供模板，也有更詳細的解說），因此每份新聞稿可以分別做一次計分。

一旦你確定這份新聞稿可以達成你勾選的好處，接下來繼續用計分卡，評估上新聞之後的成效。

無論媒體關係是誰負責的，都可以跑這套流程，列出相關證據加以評分。評分很主觀卻相當重要，你可以盡快找出最適合的方案培養氣勢。

接下來，這張計分卡也可以分析或評估成敗，為未來的媒體工作做打算。

現在來介紹「媒體關係價值計算機」。

媒體版面的投資報酬率難以得出確切的數字，但還是值得一試。有資料可以參考，總比沒有好吧！我會建議大家如何收集資料，但你必須量身訂做；每一家企業搏取媒體版面的目的不同，可能是為了找客戶或賣產品。

【填入新聞稿的名稱，以及發給媒體的日期】	
發出新聞稿後，經過一個月，增加多少新商機？ 或者發出新聞稿後，經過一個月，增加多少銷售額？	
發出新聞稿後，經過兩個月，有多少商機變成銷售額？	
發出新聞稿後，經過兩個月，企業市場估值增加多少？	
發出新聞稿後，經過半年，有多少老主顧／重複光顧？	
老主顧的價值	

由此可見，媒體報導所創造的收入難以計算。比方企業發新聞稿，同時也辨了行銷活動，企業可能會分不清楚，商機或銷量是誰帶來的。媒體報導有後燃效應，過了一個月，商機和銷量才會出現，但媒體報導是為了在買家心中埋下種子。企業也會透過自家的管道，放大媒體報導的效應，例如有些人看見你在LinkedIn轉貼報導，帶來了商機或銷售量。要不是你上新聞，也沒有新聞報導可以轉貼，所以我建議把所有

商機／銷售量都算進來，無論是張貼在媒體或你自家的管道。

我想讓你明白，收集這些資料不可能外包給傳播公司。傳播公司會發出新聞稿，運用手腕來說服記者。傳播公司會監控你搏得的媒體版面，附上一串連結和「剪報」，通知你新聞稿刊登在哪裡（讓你轉貼到自己的平臺，放大媒體報導的效應，這項工作也可以請傳播公司代勞）。然而傳播公司不知道你企業的商機和銷售額，所以這本書劈頭就說，媒體關係的工作從企業內部做起，媒體報導對企業的效用，唯有靠你自己安排和追蹤。

實例篇　如何發揮和放大募資的新聞，爭取更多的消費者？

這是我虛構的實例，人物和企業名稱都是我憑空想像，若有雷同之處純屬巧合。我把自己跟客戶合作的經驗加以統整並濃縮，寫出這個故事當成我的教材。

歐力．湯瑪斯（Olly Thomas）和黛安娜．穆諾茲（Diana Munoz）共同創辦homeworkstr，這是一家教育科技公司，專門協助教師遠距出作業。

我們首輪募資時，花不少時間想提案，趁機搏取媒體版面。我們希望盡快讓未來的客戶知道，我們辦到了！

投資人和記者看我們的眼光，一樣的銳利，因為市面上有太多企業。我們這樣搏版面，對募資反而不是扣分，而是加分！

我們設計募資簡報時，希望仿效記者用明確的文字，描述我們自家企業，以及我們的競爭優勢。我們這麼做是在幫助投資人、記者和客戶，一眼就明瞭我們的業務內容。

我們兩位創辦人也會心知肚明，一起做了什麼事。我想把業務重心全放在最簡可行產品（minimum viable product），每次對外宣傳，我總是自稱「homeworkstr 系統創造者」，真慶幸有黛安娜在。她知道記者絕不會直接推銷新產品，反而想知道新產品對人的影響。於是她提議我們要自稱「教育科技公司，專門協助教師遠距出作業」。果然我們鬆了一口氣，不用拿現有的產品吸引投資人，我們揮灑的空間更大了。

反正我們就是要協助教師遠距出作業，除了 homeworkstr 這項產品，未來還會有更多產品面世。

我們募得資金，而且金主幫了很大的忙，為我們爭取到第一次曝光機會。金主很重視媒體版面，他們有一篇新聞稿特別提到我們的故事。

我們趁業務繁忙，立刻逮住機會，因為我們花很多心力盡量給記者方便，因此一些基本的企業簡介，包括我們是誰，做何事，如何做，在何地和何時發揮影響力。這就像獲得免費的廣告，而且有記者背書。

我們募資的新聞可以登上 *Business Insider*，棒極了，只可惜 *Business Insider* 的讀者群，不是我們期盼的顧客。我們必須登上《教育者雜誌》（*The Educator Magazine*），這類關於教育的媒體，如此一來，教育決策者才會看得到，例如英國學校的導師，畢竟這是我們第一個業務。為了達到目標，我們到處轉貼 *Business Insider* 的報導，包括官網、新聞通訊、LinkedIn 和推特。雖然第一篇新聞關注募資，但我們把它導向消費者，發給心目中前三個目標媒體，除了 *Business Insider* 那篇報導，還附上我們的官網連結和社群網誌。

我們分別打電話給媒體，確定對方有收到新聞稿。我們不知道記者收到新聞稿會怎麼處置，既然都投入心力了，我們不想被忽略。

第一次打電話給記者有一點緊張，但緊張程度遠低於募資提案。其實打電話又不花時間，只是問對方有沒有收到，然後重寄一次。令人開心的是，我們登上這三家目標媒體，隨後把這些新聞都轉貼到官網和社群媒體，進而吸引關注和新商機，剛好是適合的客戶。

這篇報導引發《泰晤士報教育副刊》（*Tes Magazine*）的關注，這堪稱教育界的全國性媒體。《泰晤士報教育副刊》想報導疫情如何促進創新，希望可以寫我們公司，於是我們發出同樣的新聞稿，隨即接到採訪的邀約。

你提案時記者都在想什麼?

長度(Length)

新聞稿應該有幾個字?

我做過記者和媒體關係顧問,讀過也寫過無數的新聞稿,我認為字數不是重點。記者真正在乎的是,如何選擇和組織資訊。

我經常看到的新聞稿只是把資訊列出來。我曾經問對方,為何這麼寫,對方的回答是保持「透明」,或者「方便記者找故事」。這是在幫倒忙啊!記者看了,只覺得新聞來源不可靠,還要自己改寫真麻煩。

對企業來說很危險。你不是在提案,而是把企業的聲譽交給別人,對方只能夠從新聞稿認識你。記者不是你的員工;記者寫出來的報導不會拿給你「過目」。這是你的份內之事,卻奢望記者代勞。說真的,新聞稿是你掌握媒體版面的唯一機會。媒體關係流程中,唯獨寫新聞稿這一關,你可以寫自己想要的故事。過了這一關,你就沒有掌控權了。未來你跟記者談判，或者接受記者採訪，隨時可以端出新聞稿，把記者的注意力拉回來。你一定要記住，新聞稿是你奪回主導權的關鍵。

因此重點不在於刪減新聞稿，而是別把新聞稿當成資訊倉庫！

想要更有效率嗎？先發掘你公司包羅萬象的故事，大約濃縮成五十個字，最後附上「關於（你的企業名稱）」。每一篇新聞稿都要這樣寫！如此一來，記者就會知道你是誰（亦即消息來源），甚至把這一段簡介複製貼上。

等到這些準備就緒，再來處理新聞稿的故事。這個故事有沒有符合你整個企業的故事？你講這個故事有沒有道理？

新聞稿的第三段引用企業領導人（執行長、創辦人）的權威發言，這也可能被記者複製或取用。企業領導人的話，象徵這家公司對外發言時究竟會談論什麼話題。

最後才是標題，務必融合第一段的內容。

這樣的結構、元素和格式才是新聞稿的重點，反之，長度根本不重要！你把故事寫成新聞稿，心中要有這張藍圖，就可以善用機會，以免離題。

媒體（Media）

提案的時候你有沒有好奇過，記者自己是怎麼看「媒體」？小說中描寫的記者經常在追逐獨家，一有獨家就急速行動。我很多客戶也以為，向記者提案必須拿出獨家消息。

我走出新聞企劃部才發現，大家都不知道新聞業有從眾心理，比方我週日坐鎮BBC主要的企劃部，我們會看遍各家報紙，搜尋獨家報導，設定我們接下來的新聞議程，甚至延續一整個星期！你可能會發現，週日上刊的媒體曝光過不少「爆料」和「醜聞」。我認為，週日上刊的報紙和政論節目，剛好在上一週舊聞和下一週新聞的交界，本該針對舊聞帶出新的轉折，或者爆新聞。既然每週出刊一次，爆出新聞後，就沒必要持續每日追蹤。

我待過的新聞機構一整天下來，有幾場固定的團隊會議，決定哪些新聞值得規劃和持續報導，該如何發展下去，交給下一個團隊。這些會議必會討論到「別家報紙呢？」，或者「（最大競爭對手）正在報什麼？」

我曾經參與電視新聞的產製，同時盯著好幾個螢幕，包括我們對手的新聞臺。如果對手報導一則新聞，或者某一則新聞有了新的報導路線，我們會盡快確認，做出回應。

沒錯！記者和新聞團隊想要獨家，這是為了吸引觀眾，引領整個新聞業的新聞議程。然而這只是工作的一小部分。截稿日期是不等人的。電視新聞播出時，報紙出刊時，就是要有內容！因此大多數記者通常是處理現有的新聞，想著該如何詮釋和發揮。

由此可見，你提案的時候與其提供獨家消息，還不如針對現有的新聞，提供記者不一樣的轉折。如此一來，你和你的企業象徵著不同的聲音，雖然是「反覆出現」的舊聞，觀點卻令人耳目一新，這樣倒容易搏得新聞版面。

新穎（Novel）

你的企業可能稱不上創新，自從創始以來，每年都做相同的事情。例如一九九〇年代中期，我在譽為「英格蘭後花園」的肯特郡的一家地方報紙實習。你絕對意想不到，我們報紙竟然不報導蘋果採收季，以及歷史悠久的蘋果節。假設你是蘋果節的總監，蘋果節每年有固定的活動，總是吸引優質的活動項目和滿場觀眾。穩定性、悠久傳統和老規矩可能是你的競爭優勢。你也沒必要刻意改變，反正媒體也不會感興趣，把你放到新聞日誌打算報導你。

只不過你仍希望自己的提案新穎，要是你不這麼做，記者會自己找新鮮事或新角度，你可能覺得無妨，期待記者會變出什麼新點子。可是何不自己把握機會呢？我還記得有一次蘋果節，主辦單位首度贈送「皇家蘋果」，平時這是直送皇室而非超市的蘋果喔！

我也還記得野生動物雙年會的新聞稿。主辦單位的人手少，越來越難吸引媒體，頂多就是讓媒體拍照。如果想節省時間和預算，乾脆自己寄照片或影片給媒體。就在幾年前，情況不同了。工作人員穿熊貓的服裝，拿著相機，假裝熊貓在棲息地布里斯托爾中部，拍攝人類的紀錄片。當時正在午休的民眾看了也覺得新奇，紛紛跟我們互動，爭相自拍。而且我們裝扮的地點，就近選在地方報社附近。不知怎麼的，媒體為熊貓瘋狂。我還真不知道原因，但我們登上了頭版。

機會（Opportunity）

記者是投機份子，「緊跟著潮流」找故事。如果你要向記者提案，最好迎合記者的投機心理。

然而我想好好解釋，記者是怎麼投機的，這跟戲劇演的不一樣。電視影集或電影中，記者為了尋找報導機會，一直在城市漫遊。或者為了搜尋資訊，潛入一片黑鴉鴉，草木叢生的地方。午夜的時候，可能在喝伏特加，或者陷入沉思打電腦。

記者在現實生活中，難得有機會離開辦公室。午夜的時候，不是在輪班（又是在辦公室），就是趁鬧鐘響之前趕快補眠。地方報紙或產業媒體更是如此，因為員工數太少。大一點的媒體雖然記者比較多，但記者輪班的時候，是為了減輕同事的負擔，順利交班。因此記者通常都綁在辦公室，就連在家辦公期間，記者也是要乖乖輪班。記者就如同急診室醫護人員，不可以自己決定上下班時間，否則有緊急新聞事件，就沒有新聞團隊坐鎮了。

假設你向記者提案，覺得這是曝光的好機會，只可惜，記者不太可能表達興趣或立刻現身。這不代表你的故事差，只能說這超乎記者投機的範圍。

你在寫新聞稿的時候，不要以搏取媒體版面為目標，否則你投入的時間和金錢不可能會有回報的。如果你想給新聞稿正當性，乾脆聘請優秀攝影師，拍一些絕妙的照片，發給三家最棒的媒體（包括肖像和風景模式），再附上簡短的新聞稿，方便地方報紙或產業媒體使用。絕對會引人注目。

記者的投機心理其實是有一定的限度！你向記者提案，搞懂記者的投機範圍，投其所好，就有機會成功，因為這會勾起記者的投機心理。

假設是每個月出刊的雜誌，流通量相當大，你希望獲得報導。如果你有在看雜誌，不管是電子或紙本通常都有「每月特寫報導」。你翻閱幾期的目錄，一定會發現「專題報導」反覆出現，例如「某某某的一天紀實」或「某某某的Q&A時間」或，「某某某的集中報導」。反之，如果你想登上地方廣播節目。BBC上午十點的節目（接在晨間新聞之後），通常會訪問當地的商人，瞄準地方相關議題，比方科學園區負責人上節目，談到這城市正在興起創新活動，以及從世界各地吸引資金。

如果你有屬意的媒體管道，希望提高勝率，不妨針對這些專題報導提案，這是早已存在的機會，記者不需要跨越他們的投機範圍。我強烈建議你，關注極少數的媒體目標，這樣你提出的故事不只很強大，也剛好迎合記者的投機範圍。

有一些高級亮光紙印刷的雜誌專門報導特定地區，內頁包含不少廣告。當你發出新聞稿，你接到的電話經常是廣告部門打來的，而非記者。如果你沒有買廣告的預算和想法，最好善用這通令人洩氣的電話，因為廣告人員比起記者更願意跟你講電話，通常也會提到雜誌每個月的主題。當你得知主題，可以事先寫好故事，針對這些主題來提案，這再度打動記者的投機心理。記者就是愛尋找適合報導主題的題材。你也可以主動詢問，該如何擠身專題報導。

照片（Picture）

照片是搏取新聞版面的好方法之一。如果你提供記者精美的照片，故事倒成了其次，因為圖片道盡了一切，或者照片太引人注目了。大家直接看照片的解說，就把故事給看完了。假設照片拍到小熊貓，過著熊貓寶寶的生活，這還需要什麼故事呢？

我不是拿熊貓開玩笑。我還記得在BBC全天候新聞臺工作（如今稱為BBC新聞臺），牆上的螢幕和桌上的螢幕，全球圖片庫傳來了實況照片和消息，大多很無聊，沒有播出的必要。我初次到那裡工作，正值伊拉克戰爭，一大堆令人震驚的新聞，卻跳出一則小熊貓的短片，倒栽蔥溜下滑梯，吸引每個人目光。一直有人想寫成小故事，放在每小時新聞的最後，下一個大標題。

如果你的故事有某個元素，可以用精美的影像呈現，把握這個機會，花錢請專業的攝影師，拍出解析度夠高的照片。否則印出來會不夠清楚，同時附上肖像和風景模式，有機會搏得更大的版面。如果是你要登上報紙或網路新聞，記得要附上半身照，不戴太陽眼鏡，不模糊，不要用結婚的照片。

記住了！記者對照片有狂熱，不一定會接受媒體拍照的邀約。如果向人手不多的媒體邀約，提案有可能會失敗，這時候主動附上精美的照片，你的提案入選的機會最大。

如果你跟電視臺提案，照片就格外重要了！電視新聞逐漸採用「民眾」提供的畫面。但你會發現，這些都是新聞人員拍不到的，例如民眾剛好在意外發生地點，比方倫敦 7/7 地鐵爆炸案事發現場，媒體尚未接到消息，或者觀眾自己錄影片，詢問現場來賓問題。主動提供照片，可能有助於登上報紙或網路新聞，但電視新聞恐怕不適用。電視臺不僅需要好故事，就連你所在的地點也要引人注目，具有可行性，吸引電視臺派人過去拍攝。所謂的可行性是可以容納拍攝人員，因此邀請媒體來拍攝，你必須精心策劃，提供媒體方便，例如有哪些區域可供拍攝，不用擔心業務受到干擾。

第三章總結

第三章已經教大家：

- 你想講什麼故事？
- 你希望你的故事何時會發揮最大影響力？
- 你想跟誰說故事？哪一個媒體／記者？

現在你學會挑選故事，
接下來，我們預想一下，
你達成目標（搏得媒體版面）之後，
會發生什麼事呢？

Chapter 4

造成瘋狂報導或變成角落生物

成功了！你終於搏得媒體版面，卻立刻面臨兩大考驗，你的報導可能中途熄火，也可能一發不可收拾。向記者提案前，你必須為這兩件事做打算。

你可能有聽過，「今日的新聞，明日墊薯條的報紙」，再怎麼轟動的新聞，隔天都會用來包炸魚和薯條讓客人外帶。這句話經常在安慰人，再怎麼討厭的新聞（真希望它不要登出來）都是短暫的，過不久就無足輕重了。反過來說，如果你費盡千辛萬苦搏得一篇新聞報導，看了相當滿意，上新聞隔天就成了「舊聞」，拿來包某人的晚餐，還真是掃興！

還有另一種極端的情況，你和你的企業上新聞，卻吸引媒體「蜂擁而至」。突然間，其他記者也開始關注，爭相追蹤你的新聞。你不必再跟記者協調版面，延續報導的氣勢，反而你要拚命滿足媒體的需求，以及媒體的飛快步調。可是你想要放慢腳步，按自己步調，甚至想一律回絕，因為你無法承受業務中斷，這已經超出你的負荷。

第四章會針對這兩種情境做好萬全準備，如此一來企業和企業創辦人就有應變能力，放大時勢所創造的機會。第四章的內容如下：

- 鋪天蓋地所有媒體報導
- 媒體有可能緊迫盯人，該如何預備和應對？
- 為企業創辦人量身打造的媒體關係速成班

鋪天蓋地所有媒體報導

搏取媒體版面的一大好處，就是獲得「常青內容」（evergreen content），讓你使用好長一段時間。我所謂好長一段時間，就是把有價值的資料存起來，往後一百多年，每一次週年紀念都拿出來歌頌一番，證明你如何白手起家，走到現在這一步！你想必去過英特爾位於聖塔克拉拉的總部，有一個英特爾博物館，IBM也在各國設立IBM博物館，收藏無數的歷史檔案。

媒體報導是極其寶貴的資產，因為壽命很長！你的報導過了五年，散發出濃厚的歷史氛圍，更添價值。菲利普・葛蘭姆（Phil Graham）是《華盛頓郵報》的發行人和共同持有者，就是他的一席話，讓大家知道新聞業或新聞報導是「歷史的第一份初稿」（first rough draft of history）。

葛蘭姆這段話的全文如下。一九六三年他發表演說，臺下坐著《新聞週刊》（*Newsweek*）的特派員。他一語道破不順遂的一天，記者內心有何感受。

> 今天探討的是記者有一個擺脫不掉的重要任務。我們要為每一個星期提供歷史的第一份初稿。但儘管如此，這個從未被真正理解的世界，不可能被我們的報導窮盡。

我完全可以體會！我辭掉記者的工作，不再報導大規模突發事件，轉而去從事我現在的工作，主因是我厭倦了天災人禍。反之我希望花更多時間報導人類對世界的大貢獻。我出版這本書正是要幫助你實現這個目標。

我奉勸你，立刻建立一套歷史檔案或儲存系統，為自己搏得的新聞報導建立一套歷史檔案或儲存系統，隨時更新或維護，就算還沒上過新聞也要做。翻到「媒體經營工具包」，參見「建檔表格」的單元就知道如何下手。你必須在企業文化中培養大家對歷史檔案的尊重。自從檔案建立或派人建檔的第一天，就設定好程序和責任歸屬。等到上了新聞，就不用煩惱這些事，一切都圓滿落幕。你可以鬆一口氣，甚至舉辦慶功宴。隨後大家恢復原狀，之前都忙著搏版面，有很多延宕的行程和工作趕著處理，沒有人記得儲存報導內容，很可能就這樣遺失了。未來幾個月和幾年，團隊成員難免有變動，這一段搏取新聞版面的歷程也跟著灰飛煙滅。

「歷史檔案測試」很管用！除非你的新聞構想有通過考驗，否則沒有發揮的必要。這個新聞會列入歷史檔案嗎？如果不會，為什麼還要考慮它？「歷史檔案測試」很有效，讓你專心產製對公司聲譽和業務有利的故事。

假設有記者上門，抛出一些新聞構想。你不妨想像一下，這個新聞會列入歷史檔案嗎？如果不會，跟記者協調一下，寫你偏好的故事。記得做「歷史檔案測試」，你會專注於公司業務，以免愛上故事，盲目相信記者的觀點。

現在我們來探討，上新聞之後如何鋪天蓋地的宣傳。

你的新聞會在何時何地刊出來，記者不可能明講，因為記者心知肚明，下一刻會發生什麼事不是他們可以控制的，更何況記者有報導新故事的壓力。

記者發出新聞，交到文字編輯手上，準備下標題，內容很可能會再修改。說不定文字編輯會要求新元素，淘汰這個舊版本。最後你的新聞顯不顯眼取決於最終版的內容。你的新聞有可能「延了」一天或一週刊登。同一位記者可能再回來聯絡你（或者換了另一位記者），追問你沒透露的消息。

至於部落客和小報社記者拿到你的新聞提案，可以自己決定要不要複製貼上或刊登，比較有機會確認刊登日期。但他們通常忙著經營媒體，一旦處理完你的新聞，人就不太好連絡。

你的新聞刊登或播出後，下列這幾個好方法可以保證你第一時間知道：

- 發出新聞稿時，記得附上社群媒體帳號，到時候媒體刊登新聞，至少會標注你。先確認你的社群媒體帳號，再來跟媒體搏版面。你可能早就有這個觀念，但我有很多客戶糊裡糊塗竟然給錯帳號。比方新帳號的粉絲人數正在成長，卻給粉絲人數少少的舊帳號。千萬別奢望記者會自己發現和標注新帳號。你要主動給記者方便，否則要記者回去改標注真的很難，我前所未聞。這是媒體給你的版面，你沒有權力要求記者改標注，就算記者在刊登之後答應會修改或新增標注，仍有可能忘記做，因為優先待辦的事項太多了。
- 雖然你爭取到記者的注意，雙方合作時，如果希望記者傳給你新聞連結、音訊或影片的剪輯，或者讓你知道會不會刊登在社群媒體，以及何時刊登，務必要直接開口問或發訊息，先聲明你知道他很忙碌，若記者願意幫忙，則感激不盡。記者沒義務為你做這些事，但絕對值得開口問，問了就有機會。

- 再次確認一下，你有沒有追蹤該媒體或記者的網站。一旦對方發文，你就可以收到通知。
- 善用 Google 快訊功能（Google Alerts）：輸入你們公司的名字，或者你自己的名字，但光憑這兩個線索不一定搜尋得到。最好也輸入新聞稿中的特殊關鍵字，記者不太可能刪除的字，Google 快訊就有機會搜尋到。
- 投資媒體監控服務，隨時追蹤並回報你獲得的報導。這是一筆值得的好投資。尤其是你搏取的報導，比以前超出「不少」。怎樣叫做「不少」呢？如果你或負責收集報導的人再也沒有自信做好這件事，你就該投資媒體監控服務。花很多心力搏版面，卻沒有能力秀出來，這還有什麼意義？如果你有委託代理商，一定要盯他們做這件事。至於電視報導，恐怕沒有什麼監控服務可以為你做搜尋和回報的工作。尤其是每小時新聞快報，但隨著人工智慧科技發展，從音訊搜尋關鍵字的能力想必會進步。

有一個難題我必須先提醒你，以免利益關係人期待落空。現在很多媒體採用訂閱制或付費牆，按了連結只看得到標題和前半段。如果想看其餘內容，必須成為訂戶。只可惜，有的付費門檻太高了，有的提供免費試閱，過了一段時間就要付費。即使你投資媒體監控系統，仍無法倖免於難。你花錢訂閱，但唯獨你和你指定的人有權閱讀完整的內容，其他人點擊連結，依然看不到全文。可是你指定的人越多，你就要花越多錢。

結果呢？你登上全國性或全球性的報紙，把新聞連結分享給公司的團隊、投資人和重要客戶，也放在自家傳播管道，卻有一堆人反應，「我看不到全文，你可以直接寄給我嗎？」很耗時費力，而且是違法的。

就連免費訂閱的媒體，仍要輸入電子郵件訂閱，否則看不到全文，或者每日／每週／每月有限制篇數。你好不容易搏得好新聞，想要盡快跟別人分享，卻遇到這些麻煩事！沒辦法，媒體也是要賺錢的。這就是現實，只要你心裡有底，就可以事先克服。

好新聞該怎麼分享出去？你必須事先規劃，否則到時候，你還要處理大家的抱怨，豈不是搶走你勝利的光彩？你上新聞那一刻，立刻對外宣傳或分享，這樣才會氣勢如虹，衝高人氣。記者在推特刊登跟你有關的貼文，最好要盡快轉發。一來提高知名度，二來記者有可能幫忙按讚或留言，進一步拉抬你的貼文。

假設你這篇正面報導屬於付費內容，你在社群媒體分享時，或寫信轉發給團隊成員或投資人時，盡量附上免費畫面的截圖，也就是沒有被付費牆擋著的免費內容。你還可以摘錄其餘內容，如果對方有興趣，再自行前往新聞網站，一探究竟。接下來，你再附上新聞連結，記得事先聲明，唯有付費訂閱的人，才有權限閱讀全文，一句話簡單帶過，「我們獲得《金融時報》的報導（閱讀全文須付費），大致內容如下。」反之，若非付費內容，當然可以直接分享連結。只不過你在做這件事之前，記得先確認。

等到有你很多的報導，可以考慮幫公司團隊訂閱，當成員工福利的一部分。這傳達的訊息極為正面，你希望全公司參與其中，搶先看到報導。

長期下來，你建立歷史檔案，手邊隨時有報導可用，一再重複發表。假設社群媒體正在辯論的議題，是你之前公開發表過的意見，不妨趁這個機會，分享你的新聞連結。如果有人徵求你的意見，趁機提起過去的報導，你的意見會更有分量。

新聞報導也可以證明你跟媒體互動良好，適合放在募資簡報、官網和社群媒體，展示你對潛在顧客的吸引力。同時讓記者相信，你跟媒體打交道時，是一個「信得過的人」。新聞報導絕不會過時，務必好好整理！我建議在官網開闢「媒體報導專區」，收集最近兩三年內令你滿意的報導。我也建議這個專區建立歷史檔案連結，集結一些久遠的新聞報導，以免舊聞置頂。

媒體有可能緊迫盯人，該如何預備和應對？

你看到這裡總算明白了，一次只搏取一篇優質報導的好處不勝枚舉呀！你好不容易獲得第三方的背書，當然要創造最大的價值，做好報導監控，建立歷史檔案，鋪天蓋地的宣傳。

第三章的建議我幫大家複習一下，每個人都想追求報導的品質和氣勢，而非數量。假設你有一篇大新聞登上 *Business Insider*，當然不希望被小媒體的新聞連結淹沒，或者藏在付費牆後面，忙著處理看不到全文的抱怨。這是你們公司至今最大的新聞，希望跟大家一起慶祝！你必須展示那一篇大新聞，引發大家對你們公司的興趣，包括公司內和公司外部的人。

最理想的狀況是維持優質報導的「節奏」。如果你有遵照第三章的故事線，一定沒問題。每一個階段，全力搏取最優質的報導，持續培養氣勢。

可是……

媒體有可能「蜂擁而至」。

你如願以償獲得目標媒體的報導，鋪天蓋地宣傳，大肆分享。於是消息傳出去了，記者從四面八方聯絡你，想要報導這篇新聞，更進一步發揮。有些記者根本沒聯絡你，直接利用你原本的新聞，邀請其他人（包括你的對手）來發表意見。

你對於新聞的發展再也沒有掌控權，更別說要放大它，分享它！此外你對於上門的記者，也無法預測對方的需求，予以滿足。

許願要小心！雖然你想成為焦點，如今卻陷入全新的挑戰。你不要鐵齒，自以為不會發生這種事，或者心存僥倖，想說「臨機應變」、「到時候再找個人幫忙處理」。記住，你的公司必須成為焦點，可是那些找上門的各方媒體會自行選擇新聞來源。

你聯繫任何媒體之前必須尊重這個機會，做好萬全準備。讀完第四章，你就知道怎麼做了。

我有些客戶只是想「嘗試」跟媒體打交道，只打算鎖定某一家產業媒體。他們希望有「彩排」的機會，確認自己想不想跟媒體打交道。一部分的客戶一點意願也沒有，只不過迫於壓力，通常是股東或投資人在施壓，只好去搏取新聞版面，以此作為妥協。另一種情況是供應商急欲闖出名號，想「結伴」搏取新聞版面，比方發表共同新聞稿。我的客戶答應提供引言，其餘就交給供應商去跟記者周旋。

千萬不要做這種事！你要不是勇敢踏出去，參加媒體關係派對，要不就乖乖待在家，直到你準備好為止。

一旦你把任何內容交給任何媒體，你就是任何記者眼中的「獵物」。你放到社群媒體的內容也是同樣的道理。當你選擇「揭露」或宣揚你的業務，等於默認你樂於把這些資訊公開。假設你在LinkedIn平臺，針對自家業務或產業發表一些權威的看法，記者看到了，絕不會想說「這只是他跟LinkedIn友人的閒聊」。

比方，你們團隊某個人刊登了一篇文章，寫到「真期待我在【某某公司】的新工作，要研發隱形斗篷」，這種話可能會被記者發現。碰到這種情況，先發表備用聲明，為自己爭取時間，例如：「我們偉大的祕密計畫令員工滿懷期待，我們都還沒準備好，就意外曝光了，今日稍晚會提供完整的新聞稿。」

如果你是企業創辦人，主動宣揚公司的任何面向，在記者看來，這就是邀請他們來挖新聞。只要你準備好，這就是你期待會發生的事。

記者愛跟風，很清楚彼此的新聞。當記者開始輪班，隨即召開新聞會議討論現有的新聞，並且分配工作。有些新聞是前一批記者交班的，有些新聞剛加入新聞日誌。

這也是記者提案的機會，所以記者很可能會自己做功課，包括觀察一些小媒體，看對方在報導什麼新聞。假設這個團隊或媒體專門報導產業新聞，光是在那個產業值得關係的新聞來源就有一堆！

我還記得待在全國新聞部門召開新聞會議時，我們會整理主要競爭對手以及其他主流新聞媒體的大新聞。我曾經面對新聞臺的電視牆負責輸出即時新聞，眼前有一堆螢幕，從不同拍攝角度呈現自家的報導，以及我們可能報導的消息。除此之外，還有全球其他電視臺正在報導的新聞。我們同時掌握自己和別家媒體的新聞議程。

週日出刊的報紙一向會報導獨家新聞，未來一週其他媒體再來接棒做更詳細的報導。

如果你只想鎖定產業媒體或地方媒體，或者任何特殊的媒體，你有這樣的期望並沒有錯。你搏取的媒體版面必須符合自己的期望。可是當別家記者主動關注對手的新聞，還是會看到你的報導。

你提案之前務必做好萬全準備，把這個因素也考慮進去。如果你把某件事寫在新聞稿，發布幾小時之內，一家小型產業媒體沒徵詢過你，自行複製貼上就刊登了，Google快訊還來不及通知你，陌生的記者就打電話來，表示他看到新聞，他們媒體想刊登。面對這種情況，你有心理準備嗎？

如果沒有預備好，一時要處理這些事想必可怕至極。因此你發布任何內容給任何人之前，最好先做預備。你要讓員工明白整個情況，並且提醒每個人，一旦接到媒體的邀約（可能是電話、電子郵件或透過其他數位管道），有哪些固定的回應方式。

事實上最簡單的流程就是不回應，直接轉告媒體，去聯絡企業創辦人。然而這還是有可能出錯，比方你沒有快速應變，尤其是你特別忙碌的時候，媒體邀約突然上門了，有時是同一家媒體不同的記者。我不得不說，BBC這一類大型媒體，由於媒體管道太多和排班制，明明是同一則新聞，卻發出數次採訪邀約。記者和資料庫並沒有協調好。本書第五章，我再分享該如何安插和招募人力，幫助你完成這件事。

你必須訓練員工，懂得回應公司外部的聯絡人。我會這麼說，是因為親眼看過失敗的通話組合。電話的一端是公司員工，沒有切換到「樂於助人」的模式，另一端通常是沒經驗的記者，不主動告知身分，結果呢？你就危險啦！當員工太晚意識到，自己正陷入某種可能的「情況」，等到他主動招認，其他人也沒有轉圜的餘地，因為不清楚記者的身分和目的。

這是極端的情況，假設你的小新聞傳開了，媒體邀約竟從四面八方湧入，就這種情況你依然可以奪回掌控權！怎麼辦到呢？寫所謂的「備用聲明」，暫時發給有興趣的媒體，為你自己爭取時間。

備用聲明有很多寫法，端視情境而定，比方「謝謝您對於【你的新聞標題】感興趣，附上相關的新聞稿。若您需要更多資訊，請聯繫【提供某人的電子郵件信箱，這個人專門為你監控和管理媒體邀約】。」

如果你覺得不夠，隨時可以舉辦記者會。這時候備用聲明可以換個方式寫，「我們會在【填入時間和地點，也包括線上形式】，針對【你的新聞標題】發表聲明，讓大家有機會發問，請參見附件／官網的新聞稿。」

如果沒想過要開記者，恐怕會難以想像。但我假設這個情境是為了向你證明，就算全世界的記者都虎視眈眈，你仍有時間爭取最佳結果。我也是為了重申新聞稿的重要。只要做對了，你幾乎可以搞定一切，迅速臨機應變，因為你手邊有現成的新聞稿，連同我建議的備用聲明隨信寄給記者。

當媒體對你的新聞感興趣，電視臺特別想去總部採訪，把你們公司當成了據點，讓整個新聞活起來。或者媒體只想拍攝你，或者在自家攝影棚採訪。再者媒體也會想採訪你或其他來賓。

可是如果媒體興致太高昂，或者天氣不佳，或是現場直播調動出現問題，或者媒體排程臨時更動，你上節目的時間明明還沒到，媒體卻提早到公司總部拍攝或直播。這是企業曝光的大好機會，但是你準備好了嗎？下面三件事你必須做好準備。

- 你有預留時間嗎？媒體沒採訪到你，不會善罷甘休。你可能以為只要二十分鐘，最後卻拍了數小時。

- 總部有什麼好拍的？有沒有適合的拍攝背景？你必須展現最好的一面，如果在你拍攝的背景，剛好有公司的商標，這是再好不過了。在公司總部找一個地方，當成暫時的「攝影棚」。
- 公司上下都準備好了嗎？員工知不知道記者會來呢？我當記者和媒體關係顧問時，曾經看過記者採訪時公司內部不同調。員工可能太焦慮了，所以忽視天大的機會，沒有給記者方便，於是媒體拍不到好照片。記者到了現場，員工訂了一堆規矩，可是記者來匆匆去匆匆，規矩一堆，反而會浪費時間。更快速有效率的作法，其實是敞開雙臂歡迎媒體，滿足記者的需求，但一切以你方便為主。不要設下一堆限制，但不妨直說，「我們特別安排這個背景，這個、這個和這個，都可以自由拍攝。」「很抱歉，這個不可以拍攝。」只要事先想清楚，你就會掌控全局，提供合理的條件。

還有另一種可能，企業覺得這體驗太新奇了，於是讓記者隨意拍攝，完全沒想過自己的工作空間，會留給外界什麼印象，或重要機密資訊可能會外流。你必須及時設定好，有哪些工作空間不開放給記者進入，比方公司內部的大螢幕，可能會透露公司團隊如何達成目標，隱含了趣味的故事、圖片和小玩意無傷大雅。但只要你邀請記者來公司，他們會針對那個訊息到處拍攝或攝影，或者詢問你相關問題，因為他們來了，而且是你邀請的，你必須妥善應對。假如你漫不經心，站在草泥馬充氣娃娃的前方，接受記者重要的訪問，觀眾看到採訪後，不明白為什麼會有草泥馬，結果你被草泥馬搶盡風頭。

最後一種可能是，一切都很順利，萬事俱全，大家都很滿意拍攝地點，完全不會干擾公司運作。你為採訪做足了準備，不料記者臨時有急事要走！

我跟英國的客戶就碰過這種情況，花很多時間做現場採訪，結果當天傍晚爆出一則大新聞，歌手艾瑞莎．弗蘭克林（Aretha Franklin）在底特律逝世。新聞人員瞬間停工，離開我們公司！你可能覺得奇怪，畢竟這批人不可能跑去底特律拍攝，可是他們接到新聞編輯室的通知，臨時改變報導順序，這陣子要專心報導艾瑞莎．弗蘭克林的新聞。所幸我客戶的新聞排在晨間時段，最後仍有搏得大幅版面。

一旦新聞編輯室決議有其他新聞焦點或其他更大的新聞，記者隨時會抽走大隊人馬，瞬速收回資源。因此你必須先告知公司其他人，雖然你們盡全力準備媒體採訪，仍可能面臨這種意外。你必須讓公司全體明白，如果爆發其他大新聞，你並無法保證公司會上新聞。

答應現場採訪卻遇到這種事，失望是難免的，但這是早就知道的風險。記者不可能掌握新聞，無論你地位再高，也無法在幕後控制新聞。記者接到新聞編輯室的電話，說要抽掉新聞，記者只能照做。只可惜事發突然，不可能再重新安排採訪。這時候不妨詢問記者，要不要預錄一些素材之後再使用。你最好請一位優秀的攝影師，在你公司跟拍記者的採訪工作，有了這些影像，你可以放在社群媒體上。如果記者臨時抽身，你還有其他發揮的機會。

記者碰到這種意外衝擊也是很大。我還記得我當製作人的時候，節目迫在眉睫，我急著協調和安排外部的採訪來賓，真是累死人了！我為了英國工黨黨大會，大約安排八位現場來賓。這八位來賓都答應來我們攝影棚，針對下午幾個重要議題受訪。這份工作很吃重，因為這八個人都是重量級的政治人物或評論家，其他記者也搶著採訪，巴不得我們趕快放人。不料上個月在巴格達被挾持的土木工程師肯尼斯．比格利（Kenneth Bigley），傳出遭到斬首的消息。新聞編輯室完全不顧工黨黨大會，把焦點都轉移到肯尼斯．比格利的新聞。我旋即跟八位來賓取消採訪，雖然我們想報導政治圈對這則新聞的反應，但現在要先報導事發經過，讓觀眾認識肯尼斯．比格利是何許人物。更何況政治圈的回應也有先後順序，我們應該先訪問當時的首相湯尼．布萊爾（Tony Blair），再來才是工黨其他人。

為企業創辦人量身打造的媒體關係速成班

這本書是專為企業創辦人量身打造的媒體關係速成班，趁你還沒有聯絡記者或投資媒體關係之前，先深入探索你們公司的機會和風險，懂得趨吉避凶。讀完這本自我學習書，你就可以做到！

有一些工作可以派給別人去做，但這個部分的內容，主要探討企業創辦人跟媒體的應對，讓你清楚自己的角色。

說白了，記者對你的期待，就只是你。記者（以及你的客戶和投資人）都希望企業有一張「臉」，我所謂的「臉」，就是負責人。

「當品牌的臉」，有些企業創辦人會覺得有趣。但大多數會感到焦慮，因為要公開負責，為企業扛起責任。然而這種負責任的態度，正是記者對創辦人的期待。

建立個人形象，在社群媒體拋頭露面，不斷跟記者打交道，對大多數企業創辦人來說，有一點可怕。聽我說，如果這不是你的行事作風，想到要「當品牌的臉」，就令你毛骨悚然，真的沒必要逼自己去做。反之，如果這符合你的作風，放手去做吧！

無論你性格內向或外向，你都必須做到一件事。為了搏取媒體版面，一定要當那個為企業負責到底的人。假設公司發布新聞稿，絕對要引用你說的話。假設公司邀請記者來採訪，記者絕對要見得到你。假設公司有豐功偉業或大難臨頭，第一個站出來說話的人絕對要是你。如果你想要搏得最多的媒體版面，千萬不要派別人去做。

因為你是面對記者的人，你必須閱讀這本書，預知你可能會面臨的情況。你還要掌握公司給記者的提案，以及提案背後的原因。你必須事先做好準備，認真的練習，當記者提問時，你才知道怎麼回答。

每次採訪前，有三件事值得準備：

1. 把新聞稿當成採訪的藍圖

採訪前（現場直播除外），確認記者手上有沒有新聞稿。如果記者沒有帶，立刻準備一份。

新聞稿不只是引發興趣的誘餌，還是你搏取報導的工具。採訪前，你務必熟讀新聞稿。盡量背起來，尤其是你說過的話。善用新聞稿，以免採訪到最後脫稿演出。記者經常搞不清楚狀況，有一些成見這時候要靠你自己導正。

我舉個例子，長期以來英國醫院缺護理師，於是記者就以為，這是因為大家不想當護理師。事實上護理課程最熱門了，護理師短缺的問題並沒有那麼簡單。我甚至準備了圖表，現場向記者說明護理課程依舊熱門，否則我再怎麼費盡唇舌，他們似乎左耳進右耳出。別怕重複新聞稿的內容，這麼做可以幫助記者明瞭。你要協助記者掌握整個新聞標題，以及關鍵的資料和重點。既然你是專家，你不來說真相，誰來呢？新聞稿引述過的話不妨再三重複，把採訪導向你樂意公開的內容。千萬別以為記者都記得，或者都讀過了。隨時引述你說過的話，大肆闡述一番。

盡量多提供一些資訊，但你闡述的細節必須是新聞稿本來就有的內容。

2. 凡是你不想說的話，都要事先準備和練習

備妥「關鍵臺詞」，到時候派上用場。翻到第一章和「企業簡介生成器」，看一看企業簡介，想必會揪出矛盾和模糊的地方。但你不可能等到一切完美了再說，因為根本沒有那一天。你必須做的事，其實是持續檢視你的公司，清楚「故事的漏洞」，帶著這份察覺，看待你的新聞稿。你可能早就知道產業的爭議，以及公司的大難關，

這些都要放在心上。

哪些會變成「尷尬的」提問呢？列出來。想一想，記者可能會丟出哪一些難答的問題，麻煩其他團隊成員集思廣益，列出他們心中擔憂的問題。現在一起面對這些問題。你會怎麼回答？寫下你對每個問題的想法，試著去改寫，拿捏好平衡，一來給出合理的答案，二來不要曝露弱點。徵詢你的團隊，確認你的答案是否恰當。雖然你不可能回答「無可奉告」，但你沒事就可以把關鍵臺詞搬出來用，接著對記者說，「這是我目前想得到最好的答案了」。

一旦有危機發生，記者會問，「為什麼會發生這種事？」你必須給記者一個交代。危機發生後幾分鐘（甚至幾小時），企業可以說：「我們不清楚原因，還在調查當中。我們先確認人員安全，再來為顧客研擬臨時解決方案。」時間一分一秒過去，記者會持續追問。如果企業再不詳細回答，就會引發疑慮。

我還記得二〇〇二年，我在BBC電臺報導索厄姆（Soham）謀殺案，當時警方真會應付記者。早上我們跟警方要資料，警方回覆我們，下午兩點召開記者會，這樣子，早上的新聞快報就有內容了。我們告知觀眾，下午兩點會有資訊公布。這樣可以爭取時間，一來警方可以辦正事，二來他們的傳播人員可以做好預備。我覺得這個策略非常好，尊重民眾和媒體對於謀殺案的興趣，對警方也有好處，一是呼籲大家關注資訊，二是有能力引導傳播方向。當企業面臨危機我也會這樣建議。只分享你計畫中的資訊。如果你還沒有準備好，先為自己爭取時間，告知記者何時會公布細節。

把關鍵臺詞存起來，很可能會連用好多年！每一個產業都有長期存在的難關，沒有人可以回答，甚至有一些錯誤的訊息一直在記者以及民間流傳，例如我提過的護理師短缺。關鍵臺詞可以為你爭取時間，維持你一貫的回應。說實在的，記者聽到最後都煩了！這不就達成你的期望了嗎？要是口無遮攔，大家會說你煽風點火。這下子，每逢你們產業的問題，就算跟你們公司無關，也會跟你糾纏不休。因為記者覺得，你最有可能聊一些老掉牙的話題。除非你想成為那種人，否則別煽風點火啊！反之，你只要宣揚你想談論的話題。

記者難免會拋出你沒想過的問題，或者你一時之間想不出答案，為了因應這種情況，你要把「備用聲明」準備好。

說到「備用聲明」的例子，你可能有聽過或讀過，「我還無法針對這個情況詳細說明，因為我們還在理解中／調查中，目前只能透露……。」你也可以簡短帶過，更中立一點，例如「我們會在二十四小時內修正問題。」備用聲明越簡短越好，讓記者直接引用。你透露的細節越少，記者就沒有什麼問題好問的。如果記者還是有問題，你不妨再重複一次，「我先前說過了，我們還在了解情況。」如果記者逼問你，何時會更新消息，你可以回答，「等到我更清楚情況，我就會確定時間。」

就連沒有危機的時候，關鍵臺詞和備用聲明也可以派上用場。比方某一天發生一則新聞，記者徵求你的意見，你樂意發言，但這則新聞只跟你勾上一點邊。或者你主動跟記者敲定採訪，記者卻丟出你不想回答的難題。

舉例來說，你們公司開發新的手機科技，打電話的時候，可以把對方說的話聽得更清楚，可是記者聽糊塗了（真的是糊塗，不是惡意），開始問起了詐騙電話。如果你早有預料，馬上會端出關鍵臺詞，給記者一個交代，順便跟記者設定界線，例如「接到詐騙電話，民眾應該向［填入你們公司信任的協助單位］求助。」如果記者繼續追問，你可以再重複一次，向記者解釋，你不是詐騙電話的專家，那個單位才是，你們產業每一家公司都很肯定那個單位的行動。

記者希望工作有效率，當你把自己的職責說清楚，記者也不會浪費時間，逼問你管不了的事情。只不過你必須釐清自己的職責，有一個最安全的方法就是重申核心業務，這就是為什麼聯繫媒體之前，務必確立職責範圍，每一篇新聞稿都要附上企業簡介。接下來就是……

3. 善用企業簡介

我跟幾個教育企業合作過，每一年服務無數的學生，分別屬於不同的教育產業。說到負面趨勢、助學計畫、住宿的成本和品質、大專院校的發展重點，記者總是咄咄逼人。跑教育新聞的記者講話特別大聲。

記者拋出來的問題，有些是我客戶的強項，但有些不是。經營學生宿舍的公司，有別於代表學生或爭取教育機會的機構。我鼓勵客戶善用企業簡介來劃定自己的業務範圍。當記者提出問題，你發現其他公司更有資格回答，不妨保持禮貌，用真誠的態度轉移話題，比方說，「我們公司鎖定【填入業務範圍】，關於這個問題，我無法提供寶貴的意見。」如果記者繼續追問，「你總會有一些看法吧？」你可以有自信的回答，「關於這個層面，我們特別推薦【填入你覺得合適的機構】。」你都這樣說了，再難纏的記者也會知難而退，趕緊換一個消息來源，以免錯失寶貴的資訊。

前提是寫好企業簡介（清楚介紹你的公司），善用它來劃清界線。你淌別人的渾水，針對別人的業務發表意見，到頭來記者會忘記你要表達的重點。

準備好企業簡介，最後一刻還要注意什麼呢？下列有幾個建議：

- 上電視的穿著，務必打安全牌！企業創辦人聽到這個建議，通常會不以為然，可能想穿得自在一點，或者展現個人風格，例如有些企業創辦人愛穿T恤或戴帽子。可是電視所呈現的現實很不一樣，任何非比尋常的東西，突然會變得很顯眼。試著想一想：你希望觀眾好奇你為什麼戴一頂怪帽子，或者你的身上為什麼有貓毛（你穿起來最自在的褲子）？還是你希望觀眾認真聽你說話？對了，別穿格子圖案的衣服，這在螢幕上特別顯眼。

- 忘了要說什麼？沒關係！一般人面對記者、報社或電視臺，腦袋會一片空白。聽到記者拋出來的問題，卻不知道怎麼回答。我知道這是大家心中的「慘事」，但記者碰到這種情況，何嘗不傷腦筋？如果我做現場採訪節目，來賓在我面前定格，我的心臟會嚇到停止。記者訓練有素，絕對會幫助你脫離險境，例如再提問一次，或者換個方式問，讓你順利說下去。
- 對你的準備有信心。只要遵照本書的建議，想必在採訪你放了很多心思。如果不是現場直播的採訪，你想帶著新聞稿讓自己安心，當然沒關係。如果你有想好關鍵臺詞和備用聲明，無論面對任何情況，你都會游刃有餘。花時間做好準備，等到你實際受訪，你就會得償所願。如果發生最壞的情

> 況，想要快一點結束訪問，我建議你這麼說：「謝謝您採訪我，您提出的問題，讓我想了很多，但我今天是為了【重申你要說的重點】，但這場訪問帶給我很多反思。」

你都這麼說了，記者也不好說什麼！如果記者特別頑固，有可能會逼問，為什麼你要等到接受採訪，才會開始思考這些問題，但是我覺得可能性不大。你遇到這種情況，再次感謝這次的採訪機會，重申你這次受訪的首要之務，以及你身為企業負責人，就是要嘗試不同的做事方法。

實例篇：如何維持報導的節奏，留住和爭取更多的會員

這是我虛構的實例，人物和企業名稱都是我憑空想像，若有雷同之處純屬巧合。我把自己跟客戶合作的經驗加以統整並濃縮，寫出這個故事當成我的教材。

多米尼克．文森（Dominique Vincent）是Geneknown的創辦人，這是一家會員制的智庫，試圖把基因治療推廣到全球。

我們機構成立前三年跟記者打交道的時候，總是帶著僥倖的心態，臨機應變，我個人是覺得亂無章法啦！沒發生什麼壞事，報導內容也尚可，但就是沒有特別的成果。我們提供的意見大多默默無聞，雖然有受到政策制定者的青睞，卻沒有如我所願，進一步拉抬人氣，吸引廣大的民眾和媒體。

我們核心團隊只有幾個人，如果要回答記者拋出來的問題，還真是傷神，也很花時間。一方面要趕上記者緊湊的截稿期限，另一方面還要告知會員，真不容易呀！為了取得會員的共識，我們發表的聲明不夠吸引人，過於保守。正因為如此，我們的報導篇幅並不大（如果有幸獲得報導的話）。

問題是會員老是在抱怨，希望我們機構多發聲，多上一些新聞。我們當然也希望壯大業務，招募更多會員。為了向現在和未來的會員證明價值，我們要搏取更多媒體版面。

還好過去三年我們統整記者的採訪邀約，我們這邊的回覆以及我們獲得的報導。只不過有點雜亂無章，我們忙著應付記者，壓根兒忘了要整理資料庫。我們團隊剛好有一個新人，叫做班瓦，我們麻煩他整理資料庫，補齊缺漏的資料，分析幾個大重點：（1）記者最希望我們分享的故事？（2）哪些記者／媒體最常找上門？

我們看了他的分析一下子就明白了，哪些問題是媒體最常提出的，雖然來自不同的媒體，但以產業媒體為主。

有了這個分析結果，我們要主動出擊，研擬跟記者打交道的策略。

我們的策略如下：

- 列出十大目標媒體：對我們最有興趣的記者／媒體，以及現在和未來的會員最可能閱讀／最重視的媒體。

- 列出未來十二個月，我們預計提案的新聞（一個月一篇，剛好在能力範圍）。一來要勾起媒體的興趣，二來是我們想讓會員知道的消息。
- 針對一些議題，研擬滴水不漏的回應，寫好關鍵臺詞，這樣我們的應變能力才會更有效率。

班瓦喜歡做資料庫和媒體的工作，他這個人確實擅長寫作，我們決定調整他的職務，他喜出望外。

我透過會員的介紹，找到一位擅長搏版面的人才，讓她可以跟班瓦一起，加強新聞規劃的工作。她也幫忙研擬相關的新聞稿。她甚至帶領著班瓦，透過可靠的審核流程，驗證每一篇新聞稿，最後向記者提案。班瓦學得很快，一下子就破解新聞規劃的工作，包辦所有新聞內容。如果他卡關了，或者需要採訪會員或向會員索取資料，就會另外聯絡我。只要有符合審核標準，我們就按照新聞規畫一起交出提案。如果有上新聞，班瓦會通知我，我再跟會員分享，轉貼在官網、新聞通訊和社群網站上。

我們總算搏得一些大新聞，會員相當驚喜，紛紛轉貼分享，提高我們機構的知名度。

我們主動出擊四個月，顯然達成目標。我們提拔了班瓦，另外花錢邀請媒體關係專家，跟他一起修正主動式媒體關係計畫。後來報導越來越多，還找了幾位新人一起整理和分享這些報導！

你提案時記者都在想什麼？

問題（Question）

每當你向記者提案，不管是發新聞稿、電子郵件、訊息或打電話，記者都一直在提問。如果你可以預知這些問題，盡快提供清楚的答案，你就更有機會燃起記者的興趣，搏得新聞版面。記者最常提出的問題就是「這干我屁事」，有的會直接問（有一點無禮），但大多是在心裡想。

記者的腦袋就如同大家的腦袋，同樣講究效率。因此記者給的意見，簡直直接到了極點！如果記者忍不住對你坦白，說他「不能理解」，你聽到的當下肯定很難過。你通常會刻意忽視，心想「是記者自己搞不懂」，或者「記者需要通俗的內容，如此低落的理解能力，道不同不相為謀。」當你有難過的感受，要積極面對和處理，這樣才有幫助。這是你反問記者的機會，「哪裡看不懂？」記者給你意見，你就可以修改提案，不只是這次受用，對顧客、公司團隊和投資人都是加分。善用這個機會，讓每個人都看得懂。

記者提出的問題可能五花八門，或者瞎問一通。你可能覺得記者的思緒跳來跳去，同樣的事情，連續問好幾次。但這些問題不外乎六個元素：何人、何事、為何、何地、何時和如何。你有這個概念，就可以拿這些問題來驗證你的故事和提案。你都回答得出來嗎？哪個部分特別難以回答？不要忽視你這份感受，試著接納它，用心想一想，你可以怎麼表達。

我當記者的時候，總期待大家提案之前，先拿這些問題檢驗自己的故事。如果他們做到了，我就省事多了，可以直接到新聞會議提案。打個比方，我跟編輯說，有一個好故事，燃起他的興趣，於是他追問，「何時會發生？」我卻給不出明確的答案，他恐怕會拒絕我。

我當記者遇過一些人，沒有想清楚自己的提案內容，也不知道為什麼要找我們報導。對我來說，這些是危險訊號，可見對方不是可靠的消息來源。如果我剛好有時間，可能會溫柔的提醒對方，以後提案之前先自問這幾個問題：

- 什麼是唯有搏版面一途，才可以實現的目標？
- 誰是我的目標閱眾？我的報導／標題想要觸及／感動誰？哪些記者／媒體，才是這些人最重視的？

- 我可以去哪裡找適合的記者和媒體？我有沒有搜尋過「十大金融科技雜誌」，調查過這些雜誌的內容，確認我的新聞適合哪些專題報導或哪一位記者？
- 什麼故事最適合提案？如何證明我和我們公司最有資格講這個故事？我有沒有用五十個字清楚描述業務內容？
- 如何寫新聞稿？我有沒有善用必要的元素，提供全方位的機會？
- 如何向媒體提案？我有沒有準備各種說法？
- 我要給對方多少時間考慮？如果再沒有得到回覆，就去找其他記者。
- 再小的報導也要鋪天蓋地的宣傳。如何放大報導吸引其他記者的注意？
- 如果媒體對我太有興趣了，我該怎麼辦？如果媒體想要訪問我，我能不能騰出一整個早上，離開辦公室，到攝影棚接受訪問呢？

（看完這本書，你就可以回答每一個問題）

躁進（Rushing）

我早在當記者的時候，就知道有一些機構砸重金，投資錯誤的培訓和錯誤的流程好搏取錯誤的報導。

等到對手上新聞，才想要搏取媒體版面，因為每個人都在問，「為什麼不是我們？」這就是企業經常碰到的陷阱！於是企業急忙追趕對手，而罔顧策略思考，把希望寄託在速成或低廉的自由接案者或公關代理商身上。如此不穩固的基礎，根本建立不了穩固的東西。更糟糕的是，毀了媒體關係和機會。我就碰過幾家公司，有搏取媒體版面的壓力，其中一家公司已經沉寂十三年，未經深思熟慮，就隨便接受全國新聞節目的訪問。

你必須自問，哪一家公司會把財務／法務／人資外包出去？

就算企業有決心投資「傳播」，撥了一大筆預算，仍無法聘請到合適的媒體關係人員。為什麼呢？

我經常看到企業領導人為了討好董事會，趕忙招募「傳播」人員。於是花了大把鈔票，賦予傳播人員或代理商不合理的職權和自主權，卻忘了要設定目標、時程表和評估指標。

媒體關係是相當專門的傳播領域。大多數資深的專業傳播人，幾乎沒有在新聞編輯室待過，所以他們提供的建議，經常有違記者的做事方式。

如果你碰到這個情況，我有一個祕訣，你最好告知董事會，首要之務絕非接洽記者，而是把年報寫好，這有助於把媒體關係工作外包／招募人才。

唯有特定的企業有義務提交年報，年報是大家經常忽略的媒體關係資源，真正的年報會寫到既有的強項、關鍵目標、風險和機會。最理想的年報還寫了個案研究，記者最愛個案研究了！

我做媒體關係顧問十一年，加上我當記者十五年，接過超過十萬次的提案，我奉勸企業：

- 接洽記者之前，先思考你為什麼想搏取媒體版面。什麼原因都可以。但如果你不清楚原因，千萬別輕舉妄動。
- 愛上你的企業，別愛上你的故事。我的意思是，真槍實彈拿故事去搏版面時，別以為全世界都要聽你說故事。從記者的觀點來看，故事跟來源脫不了關係。一旦記者覺得來源不合理或不適合，恐怕會同時拋棄故事和來源，或者只取走你的故事，做出不利於你的報導。因此你挑選的故事，一定要契合你的核心業務和目標。
- 寫好新聞稿，把記者期待的元素全部寫進去。花時間認真寫。提案的過程中，不斷提及新聞稿。新聞稿是你的藍圖，也是你搏得理想報導的機會。

- 挑選你想要登上的媒體。不要亂槍打鳥，尤其是剛起步的時候。列出你的優選名單，逐一聯繫。時間要花在刀口上，跟你最期待的媒體打交道。大多數企業會鎖定產業媒體，或者主打特定人口的媒體，你要自己做選擇。我重申一次，不要把故事看得比事業更重要。你結交的媒體必須了解你的企業，雙方可以一再的合作。

如果你夠幸運，掌握所有美好的前景，包括良好的關係、報導、媒體關係帶來的好處，一定要好好把握！

發言人（Spokesperson）

你跟媒體打交道，最要不得的是還沒有確定發言人，就急著接洽記者。你可能心想：有誰會做這種事啦！發言人都還沒確定，就貿然接洽記者。如果記者真的對故事感興趣，該找誰要資料呢？很誇張吧！可是……

我有一些客戶，請我幫忙搏取媒體版面，新聞稿有好的故事，引用創辦人說過的話，客戶卻堅持到此為止，不想跟媒體多打交道。好的新聞稿吸引眾多媒體複製貼上，卻缺乏進一步的介紹。在媒體看來，你是在發出邀請函，希望大家進入你的世界。媒體想發出採訪邀約，訪問故事中的人物。

如果不想受訪，你可要認真思考一下，你真的希望公司經營媒體關係嗎？雖然媒體關係的工作，大部分可以外包或派手下去做，這確實是明智的決定，畢竟公司還有其他事情，非你處理不可。但有一件事特別重要，就是擔任公司的公共發言人，因為你是企業最終的決策者。

我在其他章節討論過，有時候企業想「從小處做起」，只拿著新聞稿去接洽產業媒體，以為媒體只需要新聞稿而已，千萬不要這樣想。

烈酒（Tequila）

我當記者的時候，有些提案人還真是誇張，我根本聽不進他說的話，因為他在發酒瘋。下面有幾個危險信號，奉勸大家提案前一定要先醒酒：

1. 你已經麻木了

當企業「醉心於」傳播事務，可能對外在世界麻木。自顧自的撰寫貼文，刊登在社群媒體上，用自己認可的指標來評估成效，誤以為一切合適和安全。等到有一天，看到媒體對你們公司的標題和報導，夢醒時分的那一刻想必會痛苦難耐。

自己編寫社群媒體內容，自己設定衡量指標並沒有什麼錯！可是這些公司還沒有準備好跟記者打交道。

當我「跨到彼岸」，做起企業傳播工作，老實說我挺驚訝的，甚至到了驚恐的地步。企業完全不明白，記者要遵守嚴格的規則和流程，以致公關代理商或內部傳播人員，很容易遭受企業或創辦人的霸凌，接受一些不合理的要求，例如要求新聞讓企業先過目，或者要求記者修改新聞內容。

媒體工作的風險很高，如果你還奢望跟記者保持距離，你的風險還會再多一倍！

你身為公司老闆必須負起責任，言行合一。如果是換成財務或法務，你會放到行銷部門底下嗎？不會吧！那為何要這樣對待公司的名譽呢？

2. 不做自我介紹

就我的經驗，無法清楚介紹自家公司，絕對是媒體關係的大忌。我當記者的時候，至少接過十萬件提案。我做的第一件事，就是直接往下滑，滑到新聞稿最下方，釐清新聞來源，確認對方適不適合說這個故事。如果對方忘了附上企業簡介，或者企業簡介跟故事不契合，我絕不回覆。有太多企業都無法用五十個字，清楚描述自家的業務內容，還有一些大毛病，例如沒意義的自我介紹，導致你……

3. 自以為是大人物，滔滔不絕

想像一下，你是婚禮結束後的唯一代駕司機，眾人皆醉你獨醒。記者就是這種感受啊！每一位提案人都自以為是「搖滾巨星」，「把世界變得更美好」，說什麼「聽我說，這是一大創新，很了不起的，我跟你從頭說起。」

這也難怪員工也摸不著頭緒，「什麼是我們公司的使命？」但明明前方牆上寫了幾個大字。如果你喝了好幾杯烈酒，自顧自地滔滔不絕，只要是清醒的人都不會放在心上、記在腦海中或由衷信服。

收回（Undo）

你跟記者說過的話不可以收回。記者的第三方背書，因為是獨立評論，所以對你們公司有好處。如果記者寫出來的新聞不符合你的期望，你不可以回去找記者（你的媒體關係顧問或代理商也不可以），請記者修改或抽掉新聞。除非記者犯了真實的錯誤，例如寫錯你們公司的名字。

這有一些灰色地帶，你可能覺得記者寫錯了，但記者並沒有錯，例如你不喜歡記者從新聞稿中斷章取義，可是記者會辯稱，他只是從新聞稿複製貼上。

正因為如此，新聞稿一定要寫好，這是你提案的工具，確保你的新聞符合正題。如果你做到了，就可以避免這種情況。參見「媒體經營工具包」，學會撰寫新聞稿，以及向記者提案。

第四章總結

本書第四章，探討你燃起媒體的興趣，該如何正確應對，因為媒體關係跟氣勢息息相關喔！你在這裡學會了：

- 鋪天蓋地所有媒體報導
- 媒體有可能緊迫盯人，該如何預備和應對？
- 為企業創辦人量身打造的媒體關係速成班

現在翻開最後一章。
你之所以閱讀這本書，大概是想要認識媒體關係，
有哪些事情要做？你想不想經營媒體關係？
該如何爭取適合的支持？這剛好就是第五章的內容！

Chapter 5

媒體關係行動的五個步驟

企業無法成功搏取媒體版面，主要跟故事或記者無關。企業最大的疏失，經常是沒有把媒體關係融入營運中。媒體關係該如何跟企業的系統、流程和結構相輔相成？該培養哪些能力？企業創辦人和領導人要扮演什麼角色，承擔什麼職責？完全不清楚。因此大家就貿然把媒體關係工作外包出去。公關代理商有時間壓力，想盡快證明自身的價值，拿一些雜亂或模糊的簡報，營造出「速成」的成果，以致你忽略了，這個代理商可能不適合你。

這對企業的傷害很大，因為新聞編輯室就好比大象，無論發生什麼事情，都會牢牢記住。

如果你闖進記者的世界，做了令人困惑的自我介紹，記者可能自行裁切。他裁切出來的公司簡介可能會跟著你一輩子，比方你說，「我們在開發未來的自動時光旅行機」。記者在提案會議上，或者跟其他記者共享新聞日誌時，可能會稱呼你「時光機製造商」，但其實你真正的業務是做三角測量，跟大家分享蟲洞定位資料，「時光機製造商」這個標籤對你就沒有幫助了。然而「時光機製造商」的稱號，卻透過你的故事傳播到全世界，其他媒體看了又繼續沿用，以致於你往後跟別人談話都要先澄清一下，你不是在做時光機。

「蟲洞定位開發商」這個標籤，就跟「時光機製造商」一樣新奇，同樣的引人注目，搞不好還更有吸引力！因此從一開始，就要把自己做的事寫好，再交給記者，千萬不要讓記者自行貼標籤，以他們能夠理解的程度，隨意拼湊你正在做的事情。沒錯，記者擅長處理文字和故事，但你才是該領域的專家，而且你正在為世界創造新事物，當然要由你自己，用合適的語言表達出來。

企業創辦人或領導人必須自己去認識媒體關係，確認為何、如何、何時把媒體關係融入業務之中。你看了前面幾章，終於能夠回答你是否想經營媒體關係，為何想這麼做，以及你可以扮演什麼角色。翻到「媒體經營工具包」，你可以學習最實用的工具，哪些事項可以委託別人去做，或者外包出去？唯有你親自理解這些事，媒體關係才會如你所願，像火箭燃料一樣，成為你和公司的成長動能。然而光是理解還不夠！

下列五個步驟幫助你把媒體關係融入業務中。這裡的每一個步驟，都會讓下一個步驟更容易實現。

1. 教育你自己

你已經在做了，畢竟你都看到最後一章了！等到你讀完整本書，就會相當清楚媒體關係對你有什麼好處。

2. 教育你的共同創辦人或者重要高層

善用第一章和相關工具回答下列每一個問題：

- 能不能用五十個字清楚說明你的企業？
- 能不能把商業策略看成你正在寫的故事，揪出其中的漏洞和矛盾，一方面在內部尋求共識，另一方面穩定的爭取曝光機會？

- 能不能證明你的企業說到做到？透過個案研究，證明你的產品和市場相符。

3. 設計你的故事線，找出你鎖定的記者和媒體

善用第三章的商業計畫、故事線架構，以及相關工具撰寫你提案的故事，以及你期望刊登的媒體。

1. 觸發事件：為什麼會創立這個企業？何時開始累積「觀眾」？（如果你做過第一章和「媒體經營工具包」的「企業簡介生成器」的練習，你手上就會有簡明扼要的五十字企業簡介）。
2. 行動呼籲：第一次大勝利，例如你宣布募資或贏得大客戶。
3. 三大成長點：三次大勝利，例如跟大品牌或大客戶合作，挖角成功，或者跨足其他領域或產業。

4. 成功：這次成長創造什麼大成就，例如市場估值成長。
5. 落難：有了這些成就，往後會面臨什麼挑戰或阻礙，你打算怎麼因應（你有什麼風險）。
6. 復原：證明你會重新站起來。
7. 對世界的貢獻：自從創立以來，你所做的一切對世界的影響有多大，或者跟競爭對手相比較。

4. 把「媒體經營工具包」融入公司業務之中

這個不要自己做。到了這個階段，終於要花錢設立長期的職位，千萬不要找自由接案者或代理商。只不過在這個階段，這還不是一份全職工作，但是要有專人處理，這個人必須清楚背後的邏輯，有權查看你的硬碟、資料夾和行事曆等。等你看完這本書，如果有想到任何媒體關係事務，都可以派這個人去「實踐」。

這個人不一定要有媒體或公關的經驗，唯一的條件是瞭解你們公司系統，做事有條理，擅長儲存和分享資訊。此外，人際交往和資訊傳播的能力要好，協助傳遞訊息，依照你的指示，向大家推廣新事物。這個人要重視媒體關係，對這份工作感到驕傲，願意為此而戰。最好還要有寫作能力，並且熱愛寫作，這種人待在這個職務才會有發展性。

企業投入媒體關係時，經常忽略這個關鍵職務。你身為企業創辦人知道為什麼要用特定的工具，要走特定的流程，然後找到適合的幫手，協助你執行和管理。就算把媒體關係外包，仍要設置這個職務，居中做很多協調工作。

5. 請專家幫忙

到了這個階段，你總算可以招募媒體關係人員或物色媒體代理商。如果前幾件事沒做好，就不可能找到適合的人選，你在他們投入的資金也不可能有回本的一天。

下列提供三個方法。你再評估一下，哪一個選項適合你。

委託現在的代理商去做

你可能早就有合作的代理商，幫忙管理品牌或社群網站。我合作過的傳播代理商都希望為客戶做更多事，「創造更多價值」。如果你跟目前的代理商偶爾會聊到搏版面。對方的服務很好，令你相當滿意，這就是好的開始。但是這樣還不夠！如果對彼此的關係誤施壓力，懷抱錯誤的期待，反而會破壞美好的安排，毀了一切。

品牌經營、社群媒體、媒體版面三件事，顯然要整合在一起，大家傾向把媒體關係外包出去，交給經營品牌和社群媒體的代理商。然而這不是你委託代理商去做的理由！身為企業創辦人，把這三件事整合必須靠你來實現。你負責決定方向，至於步驟四提到的「實踐者」會負責執行。

怎樣才有理由，委託代理商去做呢？除非代理商可以跟你證明，他擅長跟記者打交道，最好是你在步驟三瞄準的記者。現在你明白了吧，為什麼你要依序完成步驟一至步驟四。如此一來你可以清楚說明有哪些期望，然後麻煩代理商寫企劃書，證明要如何達成你的期望。

如果想要好好做，這可是浩大的工程。你可以考慮支付一次性的「調查費」，麻煩代理商寫書面報告，而不只是口頭簡報。參考「媒體經營工具包」，翻到「媒體關係企劃書」，內有書面報告的範本。我之所以這樣建議，是因為你必須把自己的期望擺在第一位，不受人品、熱情或美圖所左右，而是直接評估代理商的能力，能否達成你的期望。對雙方來說，這才有益處和效率。代理商可以充分了解你的期望，如果他們辦不到，可以建議你適合的人選。然後……

物色新的代理商

市面上有太多代理商了！你最好先徵詢別人的建議。問你的社交圈，曾經跟哪些代理商合作過，尤其是媒體關係這一塊？哪一家代理商特別優秀呢？為什麼優秀？如果你的員工待過其他公司，前公司剛好特別會搏版面，不妨詢問那位員工，到底是誰在背後操作。

當你閱讀或聆聽你們產業的報導，有沒有哪些新聞符合你的期望，不妨在Google搜尋一下，這些企業是跟哪家代理商合作。代理商大多會在自家官網，列出他們為客戶贏得的報導。當你發現不錯的報導，甚至可以詢問那家公司，是誰在背後操刀。

每家代理商看起來都很優秀，畢竟代理商的工作就是在打理企業的門面。但是你不可以被櫥窗所迷惑，你要認清代理商真正的能耐。

如果代理商說，不只會經營媒體關係，還會提供你其他三四種服務，千萬不要被他轉移焦點！坦白說，代理商只是在突顯自己的強項。可是你根本不需要啊！既然你只需要媒體關係，一定要瞄準目標，否則你會錯失目標。

當你接洽有興趣的代理商，記得先講好流程，提供媒體關係企劃書（前面有提過，參見「媒體經營工具包一」），麻煩代理商做調查，再交給你定奪。我在前面提過了，你可以提供一次性的調查費。一些優良代理商業務繁忙，不可能免費做這些事。

當然你可以四處跟別人討教，但我不建議，因為有太多人要回覆了，這樣也挺花時間。最節省時間的方式，其實是自己做功課，麻煩代理商提企劃案。

我碰過一些公司，好像在舉辦「選美比賽」，同時邀請好幾家代理商提案。就我的經驗，這是在了解市價，選擇CP值最高的代理商。可是我會打個問號，這種作法真的會節省大家的時間嗎？

對我而言，最有效率的方法，還是先決定媒體關係的預算，事先跟代理商說清楚講明白，讓對方知道你有多少預算，你有哪些期待，麻煩對方提供企劃書，列出這樣的預算，可以獲得多少服務。你觀察代理商的回覆，一來是得知花這筆錢有什麼成效，二來是看出代理商的談判力，跟記者打交道的時候，這可是很重要的能力。

預算和成果的關係清楚了，你跟代理商的合作關係就會特別成功。你知道錢花在哪裡，並且釐清代理商的責任。代理商有效率的分配資源，把資源用在刀口上。此外，這也是給代理商績效衡量指標。打個比方，你可能瞄準三家全國性媒體以及四家產業媒體，你希望代理商給意見，哪一家媒體比較有可能報導你們公司。你也可以拿出第三章的「媒體關係計分卡」，詢問代理商會怎麼使用。

代理商偏好長期合作，因為這才是長期收入來源，更何況搏取媒體版面，需要數個月的努力，才有可能實現。我也是建議長期合作，以免浪費時間重複徵選的流程，更何況優秀的代理商不喜歡接急件。

統整你的「媒體關係企劃書」，再參考代理商的提案，最後你會得到強大的行動計畫。先講明預算，代理商就會協助你設定時程表。

聘請媒體關係顧問

還有第三個選項，就是聘請媒體關係顧問。這個人是你的顧問，而非你的員工。等到你完成步驟一至步驟四，這個人可以為你排解疑難雜症，讓你更加出眾。每當你要向媒體提案，就可以跟顧問約時間。

只要你懂得操作，預算花在刀口上，讓專家來滿足你的需求。你有需要的時候，專家不一定有空，最好要設定時程表，跟顧問預約時間，事先付款。

這個模式不適合所有人，前提是在一些關鍵的時刻，你的團隊要有人可以支援媒體關係顧問，例如顧問會建議你怎麼修改新聞稿，幫忙打電話給記者。但是其餘的工作就要靠自己人，例如追蹤新聞報導，轉貼到自己的媒體管道，這些事都可以交給步驟四的「實踐者」。

下一步？

這時候最好要鑽研「媒體經營工具包」，不斷質疑和探索，找出最適合你的方案。在閱讀和調查的過程中，試著想一想，這跟你目前的狀況合不合適，能否融入你的公司業務中。哪一個員工或代理商可以勝任，協助你搏取絕佳的媒體版面呢？

最後一個工具是「媒體關係企劃書」，會提供幾個範本，你可以運用所學，讓別人理解你的期望。如此一來，你也可以專心思考，執行適合你的方案。

實例篇　提升跟媒體合作的能力

這是我虛構的實例，人物和企業名稱都是我憑空想像，若有雷同之處純屬巧合。

我把自己跟客戶合作的經驗加以統整並濃縮，寫出這個故事當成我的教材。

喬登．戈登史密斯（Jordan Goldsmith）是執行教練，專門協助企業做接班人計畫。我是一人創業家，希望靠一己之力，搏得第一篇報導。坦白說，我先試試看，沒有媒體報導會怎樣。如果真的活不下去，我再來搏版面。要是連我自己都不清楚，上新聞有什麼好處，我怎麼可能聘請到適合的人選呢？

一開始我都是靠自己做功課，這樣很好，我當初把會計業務外包出去，也是這樣做。我針對媒體關係閱讀一流的好書，向社交圈徵求建議，我還去上了幾堂免費或便宜的小課程。

你不可能知道對手怎麼做帳，但你可以知道對手怎麼搏版面。我調查這個領域的佼佼者，研究他們搏得的報導。出自哪一位記者或哪一家媒體？怎樣的故事可以上新聞？對手如何分享到官網或社群媒體？

我測試自己：我想花時間跟記者打交道嗎？我對於這件事有什麼期待？

我確實該搞定企業財務，維持公司正常的運作，免得還要擔心稅法問題，可是我真的需要媒體版面嗎？我拿不定主意。我相當清楚，我是公司的門面，我是一人創業家，我責無旁貸，只是我還不確定，我有沒有理查．布蘭森（Richard Branson）的話題性。我還沒準備好，讓顧客關注我，而非我的服務。

反正我就是去摸索，試試看會怎麼樣。多虧我做了功課，終於搏得一篇優質的報導，我轉貼到自己的 LinkedIn、Facebook 群組、Twitter 和官網。

這顯然比我其他貼文獲得更多的點讚和評論。從我的官網連結到媒體，也提高了官網的權威，我臨時找來的行銷幫手也說了，久而久之，我的 Twitter 帳號就可以獲得藍勾勾認證了。

我的公司獲得第三方的肯定，我由外而內看自己，一整個信心大增，活力滿滿。於是我決定了，每年要搏取四篇報導，感動我現在和未來的客戶，但我已經沒有餘裕，靠自己再跑一次流程，不只是沒時間，也沒有那個心力。我想循著跟會計師的合作模式，請專家幫忙執行和綜觀全局。

真慶幸我靠自己做功課，成功搏得第一篇報導。如此一來，我有能力找到合適的幫手，把我的期望交代清楚。這需要花一點時間。我收集有口碑的代理商，可是起初接到的提案令人大失所望，對方好像沒聽進我說的話！對方有自己的流程，想套用在我身上，但我心裡很清楚，我想要按照我的企劃書。

由此可見，我適合DIY模式，先善用我手邊現有的資源。我把企業簡介寫得更精實，順便想清楚未來一年我希望媒體報導哪四篇故事，以及我希望會登上哪幾家媒體。

我期待找人寫新聞稿，然後用自己的策略直接向記者提案。如果可以有人幫忙追蹤報導，轉貼到官網和社群媒體就更好了。我也希望那個人拿捏好平衡，一來有能力掌控全局，二來會跟我回報狀況。我寧願付錢請人處理，免得耗費大量時間，或者應付一堆人。

我想清楚了，就會找到合適的幫手，如今我們確定未來一年的計畫。每一季，共同完成一篇新聞。如果公司持續發展，我可能會增加篇數，但目前這樣剛剛好！市面上有太多執行教練，這篇新聞報導幫助我脫穎而出，讓現在和未來的客戶看見我的好故事。這是經由記者發表的新聞，客戶決定來找我之前，早已經由客觀的角度，體驗過我的服務了！

你提案時記者都在想什麼？

冒險（Venture）

跟記者打交道，對企業來說是冒險。這有投機的成分存在，也隱含風險。記者的工作是一場又一場的冒險！記者要維持良好的紀錄，如果有一天他擁護的消息來源或故事出錯了，他就倒大楣了！

一九九〇年代末期，我還是小毛頭，在地方電臺當記者。我為了邀請適合的來賓，來晨間節目的現場討論我們想報導的新聞，瘋狂打幾個小時的電話。我會跟來賓確認，主持人可能會提出的問題，徵求來賓的同意，預錄一些素材，提供主持人腳本，有時候搞得我焦頭爛耳。我不會只邀請一個來賓，所以經常在新聞編輯室待到大半夜才把所有事情敲定。

我下班回家，睡到清晨五點起床，因為我們電臺的節目清晨五點二十分開播，我必須確認一切順利。然後我上了廣播車，開去現場訪問的地點（永遠是未知），停在有訊號的地點，祈禱來賓會平安抵達，接受我的訪問，確認新聞議程，準備倒數。然後我要講開場白，訪問來賓，等來賓回答。

我們的對話卡得很緊，我想到就心煩。如果來賓沒回話該怎麼辦？有時來賓會緊張到說不出話來！如果我安定不了對方的心，這是現場轉播的節目，他們無法像昨晚講電話那樣流暢，我該如何是好？如果來賓表現失常，或者我誤解對方的觀點，這又是現場轉播，什麼事都有可能發生，我該如何是好？真慶幸，我只遇過太緊張或太急躁的來賓，不小心出口成髒。除此之外，沒有什麼意外發生！

合作，對雙方來說，都是一件令人焦慮的事。為了避免焦慮，你必須把握適合的機會。我提供幾個方法：

- 你想要登上哪些報刊或節目呢？以潛在撰稿人的身分（而非消費者的身分），仔細調查這些媒體。
- 那些被點名、被引述或被訪問的來賓難道都是名人嗎？你是不是名人？不是嗎？別在意，或者請名人幫忙。
- 對自己誠實。這些登上媒體的人，是不是你們產業的名人？雖然不是家喻戶曉的人物，但是在你們的領域擁有大量的追蹤者，也有在其他主流媒體露面過。每個人都要找到起點，但如果那些來賓都贏過你，千萬不要自欺欺人。你必須把那些人當成目標，先達到那個程度，再去追求上新聞的機會。
- 熱門媒體旗下通常有小媒體，比方全國性的BBC電臺、電視臺、網路新聞都設有地方媒體。知名時尚雜誌的內容和版面，跟地區性的時尚雜誌比起來是大同小異。

- 那些上新聞的人物或企業，屬於特定的地區或產業嗎？你也是那個地區或產業？如果不是，再找其他媒體（若是地方事物，其他地區可能也會有；任何一個產業都找得到專屬媒體），或者借助令人信服的觀點／人物。此外，你要有過人之處，不只是「符合同業標準」。
- 這些人工作的領域跟你一樣或相似嗎？不一樣嗎？你要小心了。這媒體可能不適合你。當然你可以重新定位自己，但你真的想改變自己或你們公司嗎？還是說你可以為媒體提供不一樣的報導？新奇的聲音對記者來說很寶貴，這倒是值得考慮。但你要記住，記者不會花時間適應你，你必須主動找上門，呈上你新奇的聲音。
- 這些人是登上專題報導嗎？每一期／每一集都有的單元，例如「某某某的一天紀實」。無庸置疑這是「最簡單的目標」，適合新手入門。你不妨毛遂自薦，證明你是合適的人選。千萬不要奢望記者為你量身打造，開闢新的專題報導。雖然俗話說「永不言敗」，但沒有人會這樣談合作。

週末（Weekend）

大多數媒體馬不停蹄跑新聞，但我當過提案者，也當過接受提案的記者，我會建議大家，盡量跳過週末。因為到了週末，新聞營運模式跟平日不一樣。小一點的媒體會休息，除非有突發新聞。日報會停擺。週刊有固定的出刊日（上刊的日子），更何況週末的刊物或節目內容會比較短，甚至跟平日不同，人員配置比較少，或者動用承攬人員。

我在大媒體當過記者，平日和週末都值過班，因為我們要輪班，這意味著什麼呢？你平日聯絡的窗口週末都休假去了，週末上班的人到了隔週平日會輪休。週末的步調比較慢。說真的，如果週末發生大新聞，小媒體的人手會不足，確實難以動員。我擔任電視新聞製作人期間，剛好在假日報導美國俘虜海珊的行動（在星期日上新聞），以及印度洋的地震和海嘯（二〇〇四年節禮日），這都是我職業生涯當中特別難熬的班表！

由此可見，接受你提案的「巨獸」，週末一來，換了一個截然不同的風格。我當過記者和媒體關係顧問最受不了的是，我明明做了交接，確定我的新聞列入新聞日誌，打算星期一再戰。到了星期一，我發現它不在新聞日誌，或者打給新聞企劃部，對方不耐煩的說，「很抱歉，不知道你在說什麼，麻煩你再寄一次新聞稿！」坦白說，真的沒必要這麼麻煩。

星期二至星期五最適合寄新聞稿。星期一至星期四堪稱最佳提案日。最理想的情況是，星期二下午兩點提案，預計星期四上刊。無論是當記者或是媒體關係顧問，我都希望我擁護的故事可以在一週工作日內，走完從提案到上刊／播出的流程。

儘管如此有一些週末刊物和節目，確實特別有能力設定新聞議程，比方英國的週日報經常爆出大新聞，主導媒體走向。如果你想要登上這些媒體，那就鎖定目標，在截稿期限交出新聞。

聖誕節（Xmas）

每逢聖誕節、情人節、黑色星期五，消費者總是會接到一大堆電子郵件，塞爆電子信箱，這些節日早已是行銷的大好機會。你只是一般消費者都覺得過火了，如果換成記者的信箱，信件簡直是排山倒海而來。企業爭相趁著節慶的氣勢擠身新聞報導的行列。

這些節日確實是報導題材，難怪企業會覺得值得放手一搏。可是如果你的提案跟節日有關，必須設法從雜音中脫穎而出。

每逢聖誕節或宗教節日大家的方法要聰明一點，千萬不要提交跟聖誕節相關的新聞，反之只要勾上一點邊，趕在假期前提案。誠如上一個詞條「週末（Weekend）」，新聞臺碰到大節日會投入少一點資源，讓記者有機會休息。可見報紙、網路新聞或電視臺會盡量提早準備素材，比方二十四小時播放的新聞臺可能會製作長一點的影片，到時候只要按播放，就可以填補三十分鐘的播出時間。報紙也會準備長一點的故事。

年輕（Young）

我並不認為新聞企劃部會刻意看報導人物的年紀，來決定故事的價值。只要故事夠新穎，可以影響很多人，這就勝過一切了。然而媒體報導的故事，確實是關於新一代的閱眾（經常是十八～三十五歲），或者有影響力的人。

社群媒體還沒有流行之前（尤其是YouTube），所謂的「有影響力的人」，意指特定的族群（企業和機構的領導人，年紀介於四十幾歲至六十幾歲）。我還記得加入BBC News二十四新聞臺，當時那個頻道想取代天空新聞臺（Sky），成為「有影響力的人」的首選二十四小時新聞臺。這大約是在二〇〇四年，BBC期許這個頻道登上頂尖企業辦公室的螢幕，並受到機場、火車站、會議中心等公共場所的青睞。

我剛踏入記者這一行，正值一九九〇年代中期，當時我還是學生，後來成為大學生，報社覺得我懂得年輕人（或新一代消費者）在想什麼。我在報社實習時，做過各式各樣的工作，但報社特別鼓勵我，多報導一些代表年輕人的新聞。

你提案的時候不妨想一想，你的故事可以為媒體吸引什麼類型的閱眾，特別強調出來。如果你可以證明，你的故事會吸引頂尖企業或社會新鮮人，就可以提升你新聞的價值。

無聊想睡（ZZZ）

記者受不了提案，或者大家害怕提案，主要是擔心無趣。

什麼是無趣呢？大家總以為是缺乏刺激，可是這無法解釋提案方和被提案方的心情。在大多數人眼中，記者追求故事的刺激性和興奮感，但我認為，記者更在意的是實用性，這樣的提案才值得談判。爛提案沒什麼好談的，所以令人感到「無趣」。

記者背著「追求刺激」的惡名，大家向記者提案老是擔心「不夠刺激」，拚命端出自以為有吸引力的題材，例如跟名人扯上關係，特別新奇的產品，從古怪的調查引用極端的數據。

這不是該有的刺激。記者期待有充足的資訊，讓這個提案值得談判。假設我接到一個提案，宣稱「有九成的人都相信有外星人」，我會半信半疑，因為這數字似乎太牽強，我看了會猶豫。但如果同一個故事換一種提案方式，主張「有越來越多人相信有外星人」，我反倒有興趣把握這個機會，既然現在有這個趨勢，我好奇人數為什麼會增加。到底是發生什麼事，導致大家的想法改變？這份研究是誰做的？他的動機是什麼？

向記者提案時，你最大的難關正是讓記者願意跟你談判。一旦你有這份認知，你會澈底改變提案的方式，更在乎你提供的價值，注入你跟記者的談話之中。

第五章總結

最後一章，我列出五個步驟，一開始只是認識媒體關係，然後把媒體關係融入營運中，最後持續獲得正面的報導。你已經學會了：

1. 教育你自己
2. 教育你的共同創辦人或者重要高層
3. 設計你的故事線，找出你鎖定的記者和媒體
4. 把「媒體經營工具包」融入公司業務之中
5. 請專家幫忙

第五章是第一部分的總結，從第一章到第五章，我都在證明為什麼照著我的方法經營媒體關係，可以為你搏取正面的報導。

你可能想要大顯身手了！

接下來有一個Q&A小單元，隨後會進入第二部分，稱為「媒體經營工具包」，你會學習採取行動，落實我每一項建議。我會分享這些年來親身試驗過的工具，供你自由採用，為你們公司締造佳績。

當你看到這個段落時不妨休息一下，認真想一想，你是否準備好經營媒體關係呢？這是你的首要之務嗎？你可能想經營媒體關係，但希望找個幫手。試著跟公司團隊和代理商分享「媒體經營工具包」，徵詢他們的意見，看他們可以怎麼協助你。

如果你讀了這本書，發現你從未接觸過的資訊和前景，那真的很棒！回顧你學到的東西，你在這麼短的時間內，耗費極低的成本，沒有冒任何風險。我建議你翻到序言，重讀經營媒體關係的八大好處。然後對照你學到的東西。全面評估之後有什麼感受？這些好處值得你去努力嗎？如果你覺得值得，就放手去做！我建議你參考「媒體經營工具包」，會幫助你們企業實現目標。

這個世界需要美好的理念以及優秀的企業。這不只是對企業發展有利，一般人看到正向的付出也會受到鼓舞。我們需要好故事來認識周遭的資訊和機會，並且參與其中。我奉勸你拿起這本書善用它，盡你最大的努力去搏取最佳版面。祝你好運！

Q&A

培訓過無數記者的彼特・桑德斯

這本書分享圈內人的祕辛，幫助你搏取媒體版面，在你們產業突破雜音，打敗競爭對手。現在結束前五章，正準備進入「媒體經營工具包」，我向其他人取經，上演一場「煙火秀」，大秀專家觀點！

很開心可以為大家引介彼特・桑德斯（Peter Sands），他培訓過無數記者。他是記者的老師，沒有人比他更適合透露記者的行事作風。他做過報社編輯，一九八〇～一九九〇年代開始培訓實習記者，英國把這門課譽為「報業特種訓練」。二〇〇五年他加入新聞協會（Press Association），以及首屈一指的全國性報紙。他門下的學生不只是我而已，還有英國各地的一流編輯和資深記者。

培訓記者時，你會提醒學員該注意故事的哪些重點？

一位優秀的記者天生有好奇心，希望多認識一些人以及趣味的故事。故事跟閱眾有什麼關係？什麼會激發閱眾的興趣？一個好故事，要兼顧趣味、準確度、焦點，而且有內容，貼近民眾的生活，跟人有關係。反之，如果故事無趣，結構不良，或者老生常談，馬上會隨著時光流逝。

記者是如何決定新聞議程？

新聞議程會自己形成，包括那些發生的事情、意外、罪行、疫情、戰爭、法律案件、政治決策等。記者必定會追蹤大事件的後續，比方有一則新聞連續播了幾個星期，記者可能會換一個角度，或者從不同的反應、背景和觀點出發。

最近記者也面臨莫大壓力，不得不追求非比尋常的故事和採訪人物。

舉例如下：

- 故事與眾不同，或者描述這個世界失常了。讀者看了引言會不會目瞪口呆呢？這是從未曝光過的大新聞嗎？這新聞是否獨特，令人驚奇呢？讀者看完，會不會轉達親朋好友？

- 故事平易近人。真實故事才引人入勝。就連最嚴肅的議題也要從親身經歷者的角度出發。
- 閱眾有共鳴的故事。這對閱眾有什麼影響或幫助？這篇新聞有沒有提供建議，把閱眾的生活變得更好？
- 幽默的故事。新聞不一定要沉重。玩滑板的松鼠；長相不雅的蔬菜；跟骷髏頭一起跳舞的修女；駱駝打肉毒桿菌，遭到選美大會停權。這些故事都很幽默，剛好對比那些跟死亡或毀滅有關的新聞。

記者寫新聞時最大的挑戰是什麼？

不可靠的新聞來源，對方堅持不發表評論，對方回應慢，只顧著瞎扯，卻不講事實或重點，猜疑，既得利益，缺乏個案研究，缺乏圖片（尤其是網路新聞）。

大家對於記者的工作最大的誤解是什麼？

記者不是為新聞議程辦事，也不會故意害人。記者的壓力來自編輯，編輯會要求記者在截稿期限內，交出有趣、準確和全面的故事。記者的名譽和事業取決於他交出的新聞品質，以及他說故事的手法。記者經常收到一大堆信件。滿滿的提案，但大多是沒有新聞價值，一眼就看得出來是營銷活動，浪費記者的寶貴時間。

為什麼記者在乎權威或有力的新聞來源？

我做編輯的時候最常拋出的問題是，「你站得住腳嗎？」我希望我的記者懷疑一切，尤其是提防既得利益者。每一個故事都要驗證。最理想的狀況是，記者至少要掌握兩個可靠的消息來源，可以對外發表。記者不可能什麼都懂，所以需要門路、掌握內情的人、學者、權威、專家，一來值得信任，二來幫忙記者揪出不可信的地方。

媒體經營工具包

目錄

企業簡介生成器

這套工具會幫助你用五十個字描述你們公司，在公司內部尋求共識，進而迎接機會和風險。我在第一章解釋過，企業簡介對傳播的重要性，還列舉一些例子，說明記者會怎麼使用企業簡介。

簡而言之，為了吸引記者的注意，最好用五十個字回答六個問題。這六個問題每個人都在問。當我們接收新資訊，總會浮現這幾個問題。我們的腦袋猶如搜尋引擎，這六個問題就彷彿演算法，迅速為我們確定價值。

記者（或任何人）得知前五個問題的答案，就可以自行回答第六個問題：「為什麼這件事對我很重要？」一旦記者或任何人發現，這個資訊對他們沒有意義，就不會繼續深究了。因此理解你的人，就會受你吸引；不理解的人，就會拒絕你。

反過來說，要是你不回答這些問題呢？大家都可能拒絕你，只留下一些浪費時間的人，願意花時間腦補答案。

問題如下：

1. 你是何人？

你公司的名字，你希望引導閱眾去哪裡？比方你的官網。

2. 你做何事？

用幾個簡單的字描述，例如你是一人創業嗎（如作家、傳播專家、IT專家）？你專門提供服務（例如指導大家做傳播工作）？還是靠產品闖名號（例如發明新工具，讓大家專心做重要的工作）。

3. 你如何實現？

你要提供證據，證明公司有一些建樹，實現你所謂的「何事」。

4.和5. 在何地實現？何時會實現？

這是你證明自己值得被信任的機會！換句話說，你要提供證據，證明你在何處和何時，特別受人信賴。

下列這個格子圖很管用，幫你把答案整理好，以方便查閱。當你心中有任何想法都盡量寫下來，寫得亂糟糟也沒關係，反正有固定的格式，很容易統整！

你是何人？	你做何事？
你如何實現？	在何地實現？何時會實現？

當你回答「何人」：（1）你公司的名字；（2）你的「母」平臺，例如官網（讓別人進一步認識你），以及你其他平臺的網址。填寫第一個方格，企業簡介的頭尾就有著落了，只剩下中間一大段要寫！

我的客戶經常搞混「何事」和「如何」，這兩個問題最難搞懂了。為什麼要回答這些問題呢？這是為了幫助你想出最清楚的表達方式，陳述你正在做的事情。好了，認真想一想！

我來舉個例子，教大家把這些答案化為新聞內容。

你是何人？	你做何事？

媒體關係教練（Media Relations Coach）專門協助新創企業，搏得媒體版面並建立競爭優勢，從五十個字企業簡介開始寫起。創辦人菲麗希緹・寇伊（Felicity Cowie）曾經為全球頂尖企業爭取到各種新聞報導，她當記者的時候，至少接過十萬件提案，可以從圈內人的角度分享突破重圍的妙招，以及背後的原理。

www.themediarelationscoach.com

你如何實現？	在何地實現？何時會實現？

你看到了吧？這些答案剛好寫成一小段，大約五十個字。你沒有必要說滿五十個字（上面的例子證明這是可行的），但要寫得夠簡短，讓渴望知道「如何」的腦袋瓜，不用滑過一堆「何人」，即可快速找到答案。大家的個性不同，找資料的原因也不同，

重視的答案不一樣，所以這個方法很管用。無論是誰，都可以立刻找到「熱點」。

心平氣和，確認共識

這項練習要自己完成，把想法吐露出來。但同樣的練習題，也可以找共同創辦人或公司高層一起做，填寫格子圖，對你們公司很有幫助。針對你們公司正在做的事，或者難以回答的問題，測試你跟別人「有哪些共識」，又有哪些衝突。趁你還沒接洽記者，先把這件事做好吧！

提案

等到企業簡介寫好了，你就可以用自己的話，說明清楚公司的業務，放入新聞稿的內容，前進記者的世界，最終被刊登或播報出來。這樣聽起來，是不是很像接力賽？

故事選擇器

本書第三章，我呼籲大家仿效傳統的故事段落，回顧公司的商業計畫，寫出專屬的故事線。

故事線的各個階段：

1. 觸發事件
2. 行動呼籲
3. 三大成長點
4. 成功
5. 落難
6. 復原
7. 對世界的貢獻

假設你的企業是故事裡的英雄：

1. 觸發事件：你為什麼創立這個企業？何時開始累積「觀眾」？
2. 行動呼籲：第一次的大勝利，例如你宣布募資或贏得大客戶。
3. 三大成長點：三次大勝利，例如跟大品牌或大客戶合作，挖角成功，或者跨足其他領域或產業。
4. 成功：這次成長締造什麼大成就，例如市場估值成長。
5. 落難：有了這些成就，你預計會面臨到什麼挑戰或阻礙，你會怎麼因應（有什麼風險）。
6. 復原：證明你會重新站起來。
7. 對世界的貢獻：自創立以來，你所做的一切對世界的影響有多大，或者跟競爭對手互相比較。

運用「故事選擇器」，找出你們公司的故事，設法宣揚開來。下面列舉幾個例子，你看了就知道怎麼做。

故事線的第一階段：觸發事件

想宣揚什麼？	先準備什麼？	在何處宣揚可以發揮最大影響？	在何時宣揚可以發揮最大影響？
公司創立的原因	• 企業簡介 • 針對至今的行動提供詳細的個案研究	• 先從哪一家媒體下手？ • 你的顧客和投資人，通常在哪裡看新聞？ • 哪一家媒體有在做企業的專題報導？ • 你的新聞稿可以為你營造良好的形象嗎？比方你專業的形象照，如果提供多一點背景資訊，或許會更有影響力，譬如手裡拿著自己發明的東西。	你看完這本書，做好萬全準備，可以跟媒體打交道了！

故事線的第二階段：行動呼籲

想宣揚什麼？	第一次大勝利
先準備什麼？	• 企業簡介 • 詳細描述你贏得的大勝利（參考「個案研究製造機」，掌握每一個故事元素） • 新聞稿（跟大家宣布你勝利了）
在何處宣揚可以發揮最大影響？	• 你可不可以善用在上一個階段，你所結識的聯絡人，以及你獲得的報導？ • 你贏得的勝利有沒有非要發布的媒體？
在何時宣揚可以發揮最大影響？	你贏得勝利，就可以馬上去做。

故事線的第三階段：三大成長點

想宣揚什麼？	你的三大成長點不一樣，可寫成三個故事。
先準備什麼？	新聞稿
在何處宣揚可以發揮最大影響？	我再提醒一次，你希望繼續接洽前一個媒體，把氣勢維持下去，可是你贏得的勝利，說不定可以在其他產業的媒體獲得詳盡報導？（比方你是金融科技產業，但主要合作夥伴是醫療保健產業，你能不能跟對方合作，爭取醫療產業媒體的注意？）
在何時宣揚可以發揮最大影響？	• 只要你取得成長的證據，就可以馬上去做。 • 如果你是跟其他產業談合作，你必須找合作夥伴一起寫故事，讓雙方更有曝光的機會。

故事線的第四階段：我們第一個大成就

想宣揚什麼？	先準備什麼？	在何處宣揚可以發揮最大影響？	在何時宣揚可以發揮最大影響？
想必這是主要的目標。這跟成長點不太一樣，但無論是你，還是對手，都會把這個當成奮鬥的目標。	• 新聞稿 • 個案研究	• 你已從頭號目標媒體搏得版面，大致上懂得怎麼跟他們打交道，可見你已經打好基礎，可以跟對方分享最重要的新聞。 • 你可能想找其他更大的媒體。放手一搏吧！	達成的那一刻。記住了，記者很在乎「新穎」，別讓新聞變舊聞。

故事線的第五階段：現在有了大成就也更上層樓，未來會面臨什麼挑戰？

想宣揚什麼？	先準備什麼？	在何處宣揚可以發揮最大影響？	在何時宣揚可以發揮最大影響？
這是你正在規劃的事。如果你有找公司團隊一起做「企業簡介生成器」練習，也有跟記者打過交道，想必可以體會你公司和產業有哪些難處。這樣的新聞題材你要身先士卒，擔任思想領袖，分享你如何面對和克服難關。	新聞稿	一如往常找你的頭號目標媒體，但在這個階段，大可以嘗試其他產業的媒體，提案時不妨這麼說：「我們預期有這些問題，可以這樣解決。」	刊登系列報導，透過媒體的力量，讓更多人知道，你懂得解決問題，也有意願跟別人分享。

故事線的第六階段：證明第五階段的因應措施／未雨綢繆，讓我們順利克服難關。

這是在放大第五階段的新聞，不妨善用個案研究，讓大家看到證據。

故事線的第七階段：我們在公司以外對世界造成的影響

這跟第六階段的新聞息息相關，只是會鎖定現在和未來的客戶和投資人，向這些人證明，你是這個領域的先鋒。

想宣揚什麼？	先準備什麼？	在何處宣揚可以發揮最大影響？	在何時宣揚可以發揮最大影響？
這個階段主要是回顧過去，不只是成長點、大成就和挑戰，還有這些年你走過的路。附上你逐步達成的關鍵數據，比方你親自做調查，證實有特定趨勢，讓大家相信你們對世界有影響力。	• 新聞稿 • 個案研究（證明你的影響力，不只是影響單一的人或地區，而是更大的區域，例如整個地理區或產業）	• 一如往常找長年合作的頭號目標媒體。 • 如果這篇新聞有提到趨勢，不妨試試看全國性或全球性的媒體。	• 為了爭取報導的機會，你要清楚自己的目標媒體（例如有沒有可能參與他們的專題報導，提供不一樣的觀點） • 或者你自己下標題，點出世界大趨勢，「誘使」媒體關注你在其他領域的影響力。

個案研究製造機

做個案研究就可以展現你最棒的成果，體現你們公司想要傳達的旨意。你可能希望自己寫，或者派某人去寫。無論怎麼樣，都要善用這個工具。

- 一份好的個案研究，使用壽命很長（這樣你投資的時間才花得有價值）。
- 當你完成一項專案，這時候做個案研究特別有價值，可以證明你的成果。
- 可以說服記者跟你合作，因為個案研究會說話，證明你是一個「說到做到」的人。如果個案研究寫得很完整，可以直接上新聞，記者負責報導你的新聞，可以節省大量的時間。

確認企業的需求

做任何個案研究之前，先確認企業的需求。如此一來，你寫的個案研究才會滿足你的需求。

企業需求	個案研究必須滿足的條件
開發潛在客戶	列出至今的佳績，以後要越來越好
提高知名度	展示企業的行動，讓大家知道我們在做什麼
提高品牌的可信度	展示我們跟知名品牌的合作計畫

設定優位順序

填好上面的表格，一看就明白哪些個案研究格外緊急？哪些個案研究有多種用途？不妨優先做。這個表格可以改造一下，另外新增一個欄位，填上截稿日期，也就是你預計完成個案研究的日子。這樣就有清楚的時程表。

收集資訊

麻煩第一線人員照著模板填寫，絕對是行不通的！原因如下：

- 大家都討厭模板，因為業務一直在變動，模板並無法呈現全貌。
- 大家都寧願小心謹慎，也不要冒險犯錯。只要涉及客戶關係，盡量以和為貴，不願意面對衝突（尤其是負責跟客戶打交道的部門）。
- 如果是負責做專案的人，可能花很多篇幅陳述解決方案，只花一點點篇幅陳述公司正在克服的難關。
- 如果沒有人引導，公司也沒有提供誘因，員工就不會乖乖填寫（甚至排在待辦事項的尾端），或者員工寫出來的東西，不符合個案研究的故事元素。

我有一個辦法，那就是直接去訪談第一線人員（這件事也可以派某個員工去做，或外包給自由接案者），你再從中擷取故事元素：

故事元素	範例
這個故事中，哪兩個人是關鍵人物？	你們公司的業務部門以及業務主管 或者像下面這樣寫（效果更好，因為對主角的描述更詳細） 羅賓，在你們公司【某部門】擔任【職稱】，以及客戶羅先生，在【客戶公司名稱】擔任【職稱】
故事的最後，他們想實現什麼？	改善都市的治安
為什麼想要做這件事？	由於犯罪率升高，高譚市變得很危險
故事發生的地點	高譚市
故事發生的時間	高譚市政府從二〇二二年開始委託你們公司，這項合約仍在持續中，一直到二〇二五年為止。
如何克服難關，實現故事的結局？	這部分可以大肆宣傳你們公司的產品和服務，如何幫助高譚市維持治安，多寫一點細節。
後續的發展？	你們公司改善高譚市的治安，令聯合國刮目相看。

為什麼這個方法管用？

- 抛出六個問題，這些正好是人腦認識世界時，心中可能冒出來的問題，相當於人腦的「演算法」，為現實事件編制索引。
- 一連串問題轟炸，人會融入故事裡，想像自己是冒險英雄，把自己和客戶的生活變得更好，這不就是你對個案研究的期望嗎？這也會問出扣人心弦又真誠的文字。
- 前五個問題（參考上面範例），只是把主要的細節簡短帶過，不用苦思標題。
- 抛出「如何」的問題，讓對方有機會盡情陳述解決辦法。只不過記得要放在最後問，有整個故事作為背景，讓人一看就明白，為什麼這些解決辦法會產生作用。

- 至於「後續的發展」一時答不出來，卻是你更新消息的機會，讓個案研究可以重複利用，延長使用壽命。

用這個模板訪問的妙招：

- 找出最佳的資訊來源，跟對方敲定訪問時間，打電話或當面聊都可以，大約花二十分鐘，按照這個模板主導討論流程。
- 通完電話之後，再提供完整的訪問模板，確認對方有沒有其他想法。這時候對方會特別投入，經常會想到有趣的觀點。
- 不要在專案會議收集這些答案，因為受訪者一時之間會有太多細節和問題要篩選。

- 一次只訪問一人，不要多人討論，這樣你可以更直接一點，詢問必要的答案。你訪問的主角可能會提醒你，「你還要再跟我同事／客戶確認」，可見他對於專案的概況缺乏全盤了解。這時候再另外跟他指名的同事通話二十分鐘。無論如何，絕對要一對一訪問。
- 在這個階段，先不要訪問客戶。第一步先問清楚你們團隊的觀點，因為這是要展現你們公司的作為，以及你們有把握的領域。
- 引用客戶的感想，為你的成果背書。同一批問題就可以取得這些情報。只不過這是蛋糕上的糖霜，而非蛋糕主體。主要資訊仍要反映你手邊的工作。
- 如果個案研究會透露客戶，一定要徵求對方同意。凡是媒體關係用到的資料務必先徵求同意，再來跟媒體分享。你還要提醒客戶，媒體可能會上門聯繫。

重新改造

用這個方法寫得個案研究，可以長期持續地：

- 滿足你核心業務的核心需求。
- 幫助你實現公司的優先事項。
- 展現佳績和良好的客戶關係。
- 涵蓋引人入勝的故事元素，滿足人腦「演算法」忍不住編製索引的衝動。

你的內容必須為媒體和閱眾量身訂做，才會發揮影響力。另一方面，又要涵蓋這些故事元素。你手邊備妥這些資料，由於這些資料有連貫性，別人更清楚你的期待，主動會為你調整。

你大可以分享個案研究，讓大家各取所需。或者把它重新改造，做成一份簡報。

你不用費心想故事或收集故事元素，因為萬事俱全。個案研究是靈活的資訊來源，而非特別私人訂製款，適用於各種用途。

把個案研究儲存在檔案夾，並且標注日期，你一看便知，這份個案研究是不是該更新了；或者這項專案早已結案，不會再更新。我前面提醒過，無論任何個案研究都要先確認清楚，內容適不適合上新聞，並且告知相關人員，記者有可能會上門。當你跟對方確認上新聞的意願，順便趁這個機會更新個案研究的內容，想必你不希望跟媒體分享過時的資訊。

套用理想的模板，寫出你的新聞稿

下面的模板剛好符合我當記者的時候，對新聞稿的每一個要求。這一套架構完全符合記者的期待。我後來當傳播顧問也是這樣建議客戶寫新聞稿，多方搏取媒體版面。這對你來說就是一條完美的捷徑！

新聞稿真的很重要，講白了，新聞稿正是你的提案。翻到「提案給記者的七步驟（附腳本）」，我分享了幾種開場白，讓你透過電子郵件、訊息或電話，向記者介紹你的故事，就連這段開場白也要從新聞稿擷取文字，所以新聞稿是提案的重頭戲。

我列出每一個元素，總共有十五個：

- 日期
- 預計發布於
- 標題
- 頭條新聞的第一部分
- 頭條新聞的第二部分
- 頭條新聞的證據
- 引言
- 故事細節1
- 故事細節2
- 故事細節3

- 深入資訊
- 聯絡人
- 全文完
- 致編輯的話
- 關於［你的公司名稱］

現在來介紹每一個元素。我提醒一下，你沒必要從頭寫到尾。我建議你，依照下面的順序寫，寫好再重新組裝，你會更上手。我還有提供範例：

按照這個順序寫：

日期：你是在哪一天，寄發新聞稿給記者？單純留個紀錄。

預計發布於［年／月／日］00.01：你希望記者在哪一天刊登出來？請寫在這裡。

這不一定要填，只不過某些新聞早就訂好了時間，你可以先跟記者分享資訊，比方新品發表會的日期，早就訂好了，讓記者有時間寫新聞和發新聞，順利在發表會當天刊登出來。附上第二章的聯絡時間表。

媒體管道	發出新聞稿／提案的最佳時間
廣播或電視臺	先想好你希望哪一天上新聞，提早兩天聯絡新聞企劃部。記者可能會叫你隔天再打，那就再聯絡一次！
新聞通訊社	如上
日報／網路新聞	如上
週報	查詢報紙出刊的日子，當天下午聯絡新聞企劃部，讓記者有一整個禮拜可籌備。週報可能有網路報紙，你的新聞可能會提早上刊，比紙本早一點曝光。
每月出刊的雜誌	聯絡廣告部門，索取媒體行事曆，行事曆會列出送件和出版日期，幫助你看見機會。如果是每月出刊的雜誌，送件和出版通常會間隔兩個月。但如果是商業周刊，可能只有一個月，比較在乎新聞的時效性，反之沒有時效性的雜誌，通常有兩個月的「前置準備期」。

播客和部落格	播客和部落格就很難說了，最好找到你的頭號目標，查詢他們的網頁，或直接詢問截稿期限，再來處理送件。

如果需要更多的資料或【填入你準備的「小禮物」】，**請聯絡**【某某某】，【打某支電話或寄到某個電子信箱，以你方便為主】。

你有沒有什麼「小禮物」可以進一步引記者上鉤？我所謂的「小禮物」，其實是為了減輕記者的負擔。例如，提供記者多一點照片或個案研究，引介多一點採訪對象，這些最好提早布局，讓你有多一點時間準備小禮物，收集相關的照片或個案研究。

你發出新聞稿的時候，務必敲定聯絡人和聯絡資訊，方便記者聯繫。新聞稿就猶如派對邀請函。如果記者真的上門了，你卻沒有應門，記者怎麼可能會跟你交朋友？

全文完：「全文完」放在聯絡人資訊的下方，「致編輯的話」的上方，象徵你的故事說完了，後面只剩下參考資料或公司簡介（介紹你這個新聞來源）。

致編輯的話：通常這只會放在「公司簡介」。但如果主新聞有參考資料，不妨在此附上連結，一來方便記者查閱，二來不妨礙記者閱讀整篇新聞。

關於［填上你們公司的名字］：附上公司的基本介紹，讓記者知道你在做什麼。這段文字對記者很重要，記者就跟企業創辦人和領導人一樣時間有限。如果新聞來源跟新聞本身不相配，記者絕不會浪費時間。這段簡介還要跟你在其他地方發布的內容一致。如果記者去外面調查你才會覺得連貫，比方跟官網的「關於我們」以及粉絲頁自介必須（大致）相符。

如果你還沒有寫好，或者你覺得不夠好，翻到「媒體經營工具包」，善用「企業簡介生成器」。第一章詳述過了，企業簡介很重要，攸關你的企業，以及你跟媒體的關係。第三章也說過，每一篇新聞都要參考企業簡介，這樣你搏得的媒體版面才會對你們公司有幫助。

等你寫好企業簡介，每一篇新聞稿都會派上用場。你不用再花時間修改，而是用同一套文字打遍天下，讓記者和閱眾認識你。

引言：【填入名字】，在【填入公司名稱】擔任【填入職稱】，曾經表示……

這通常是新聞稿最好寫的部分，如果你覺得其他部分不好寫，那就從這裡開始寫起吧！寫這段文字你可以「盡情做自己」，採用「第一人稱」，帶入你的個人情緒，慷慨激昂。新聞稿中唯獨這個段落可以任由你「叫賣」。我的意思不是報價，而是把你覺得最貢獻的事蹟澈底展現出來。

大家寫新聞稿時特別愛這個段落，如果你想說的話太多了，這樣也很好！你可以把多餘的內容挪到新聞稿的其他段落。但你仍要顧及其他元素，否則記者有可能忽略你的提案，或者沒徵詢過你，擅自幫你補充。這樣豈不是浪費大好機會，還會搏得錯誤的報導嗎？

引言大約是五十個字，方便記者取用。如果太長了，記者可能會斷章取義，模糊上下文脈絡。

有一點要特別注意，你在此引用的對象一定要願意接受採訪。假設你有提到公司發言人，記者對你的故事感興趣，可能想採訪發言人，追問一些深入的問題。還有一個重點，無論是什麼話題，記者都會想找最主要的負責人。以研究報告為例，記者可能想找作者聊一聊。反過來說，如果在探討企業的功績，記者可能想找企業創辦人。

至於其他元素則按照下列的順序處理，但你可能會來回確認，幫助你聯想下一個答案：

頭條新聞的第一部分：這是你的大發現，希望讓記者（以及全世界）知道。

頭條新聞的第二部分：你跟這個大發現有什麼關聯呢？第二部分跟第一部分，最好用逗號或「據某某資料」隔開。

頭條新聞的證據：你手邊最可信且重要的證據，證明你的大發現是真的，而且對大家有意義。

故事細節1、2、3：現在來詳細說明你的大發現，越重要的細節越要早點講出來，1是你最希望記者採納的內容，3就沒有那麼重要了。

標題：一定要最後寫！故事搞定了，寫標題絕對很簡單！我分享一個祕訣，試著想一想，你會怎麼總結「頭條新聞的第一部分」？

新聞稿範例一

全新的發現

二〇二二年六月十四日　星期二

預計發布於二〇二二年六月十六日　星期二 00.01

逾九成創業人士覺得新聞稿「很難寫」

媒體關係教練（The Media Relations Coach）調查一千位企業創辦人，發現逾九成創業人士覺得新聞稿很難寫。媒體關係教練是培訓機構，專為企業創辦人提供培訓服務，協助企業搏取媒體版面。

這份調查詢問受訪者，對於寫新聞稿這件事內心有什麼感受，有高達九百零一位受訪者表示「困難」。

媒體關係教練的執行長菲麗希緹・寇伊表示，「這個數字出奇的高，可見問題很大。新聞稿是向媒體提案和搏版面的關鍵，攸關企業的成長。」

「尤其是新創企業特別需要媒體的背書，進而吸引新的顧客和資金。」

這項調查也發現，創業人士撰寫「企業簡介」，清楚說明自家的業務，平均耗費七十五小時之多。但奇怪的是，每一位企業創辦人都表示，早已投資相關媒體培訓課程，加速培養這方面的能力。

如果需要更多的資料，包括個案研究和受訪者的圖片，請來信felicity@cowiecom.com，聯繫菲麗希緹・寇伊。

全文完

致編輯的話

《2021年創業人士暨媒體研究報告》的網站連結［附上網址］

關於媒體關係教練

媒體關係教練專門協助新創企業，搏得媒體版面和建立競爭優勢，從五十個字企業簡介開始寫起。創辦人菲麗希緹・寇伊曾經為全球頂尖企業爭取到各種新聞報導，她當記者的時候，至少接過十萬件提案，可以從圈內人的角度，分享突破重圍的妙招，以及背後的原理。

www. themediarelationscoach.com

新聞稿範例二

針對當前的議題，提供不一樣的觀點

二〇二二年六月十四日　星期二
預計發布於二〇二二年六月十六日　星期二　00.01

媒體關係對獨角獸企業的助益「鮮為人知」

GlobalData 預估超過二千八百一十六家新創企業，可以達到獨角獸的等級。大家都知道「巨大化」的策略，但媒體關係教練菲麗希緹・寇伊指出，媒體版面在其中扮演的角色倒是鮮為人知。

菲麗希緹當過記者，至少接過十萬件以上的提案。她發現企業不知道如何搏取媒體版面，以及媒體版面對募資的助益，於是她決定站出來分享記者幕後的工作情況。

菲麗希緹表示，「所謂『巨大化』策略，媒體版面到底起了什麼作用，這個再明顯不過的問題似乎沒有人好奇。」

新創企業大幅增加，企業比以前更難提升知名度。企業創辦人必須從草創之初，為自己和自家企業做好準備，盡可能提升影響力。

如果企業創辦人有心跟記者打交道，菲麗希緹提供下列三大建議：

- 只用五十個字清楚說明你的企業。
- 把商業策略看成你正在寫的故事，揪出其中的漏洞和矛盾，一方面在內部尋求共識，另一方面穩定的爭取曝光機會。
- 證明你說到做到，透過個案研究來證明產品和市場相符。

如果需要更多的資料，包括個案研究和受訪者的圖片，請來信 felicity@cowiecom.com，聯繫菲麗希緹・寇伊。

全文完

致編輯的話

關於媒體關係教練

媒體關係教練（Media Relations Coach）專門協助新創企業，搏得媒體版面並建立競爭優勢，從五十個字企業簡介開始寫起。創辦人菲麗希緹·寇伊曾經為全球頂尖企業爭取到各種新聞報導，她當記者的時候，至少接過十萬件提案，可以從圈內人的角度，分享突破重圍的妙招，以及背後的原理。

www.themediarelationscoach.com

版面配置

簡而言之，列出十五個元素，就是新聞稿的模板了。我建議你貼在電子郵件的內文。記者一打開信件就可以直接閱讀，完全不用打開附件。

不過，你仍要建立一個PDF檔案，把所有元素填進去，加上商標浮水印，儲存起來，當成附件傳送。一旦記者採用你的故事，有這個附件，隨時可以跟同事分享。

日期

預計發布於【年／月／日】00.01

標題

頭條新聞：第一部分和第二部分

頭條新聞的證據

【填入名字】，在【填入公司名稱】擔任【填入職稱】，曾經表示「【填入引言，大約五十字】。」

故事細節1【放第二段引言，或者改用第三人稱，參見範例】

故事細節2；故事細節3

如果需要更多的資料（以及更多圖片），請聯絡【某某某】，【打某支電話或寄到某個信箱，以你方便為主】。

致編輯的話

關於【你的公司名稱】（企業簡介，大約五十個字）

找到適合的記者（備忘條）

這本書一再強調，企業要主動尋找頭號媒體目標，優先跟這些媒體合作。第一步是善用「故事選擇器」，決定什麼是你想報導的故事，登上哪一家媒體，會發揮最大影響力。有些目標媒體再清楚不過了，因為你對它有信心，它是你們產業重要的新聞來源，而且重要客戶或投資人特別重視它。

既然你們公司想要闖進媒體的世界，你仍須投資一點點時間，了解一下媒體現況。不妨把媒體看成賽馬，你想押注哪一匹馬為你赴湯蹈火？為什麼呢？做「故事選擇器」練習時，順便做下列幾件事：

1. 用 Google 搜尋你想知道的事，例如：

- 最棒的建築部落格
- 英國男性保健雜誌
- BBC 的教育類編輯
- 《財經時報》的總機電話號碼

2. 用 Google 搜尋 LinkedIn，或者善用 LinkedIn 的免費搜尋服務，例如：

- BBC 廣播四臺《今日節目》（*Today Programme*）的資深製作人
- LinkedIn 科技部落客

- LinkedIn 時尚接案寫手

直接用 LinkedIn 私訊聯繫，或者等你確定名字，再到 Google 或 Twitter 搜尋，甚至在 Google 搜尋他所屬媒體的郵件地址，試著輸入對方的名字，搞不好會有個人網站，查得到聯絡資訊。

3. 研究你的目標

報章雜誌通常會列出聯絡人的資料，大多是放在第四頁或附近的頁面。廣告部門一向是最容易聯繫。

電視節目的最後會列出工作人員名單，包括編輯的名字或製作的公司，你再自己上 Google 或 LinkedIn 搜尋，找到工作人員的名字和聯絡方式。

報章雜誌或新聞臺的網站也會列出聯絡人和工作人員名單。

搜尋符合你心意的新聞，注意看記者的名字，一般會有署名。上 Google 和 LinkedIn 搜尋聯絡資料（大多是自由接案者）。

4. 打電話

在網路查到總機號碼，撥電話過去，請總機轉接新聞編輯部、企劃部、特定節目，甚至直接說你要找的人。

5. 詢問你的團隊和社交圈

在你的社群媒體或社交圈發問，找朋友幫忙，或者請朋友介紹幫手。

6. 沿用之前的聯絡資訊

凡是你喜愛的媒體，記得留下聯絡方式，以備不時之需！

提案給記者的七步驟（附腳本）

1. 寫好企業簡介、新聞稿、收集／拍攝你想要提供的照片。
2. 確定你的頭號媒體目標，搜尋聯絡方式。
3. 依照下列格式，撰寫提案的信件／訊息：

主旨：適合的故事──［填入你的標題］

親愛的［填入記者名字］

別刻意裝熟或熱情打招呼！如果你不知道記者的名字，這種情況很常見，不妨直接寫「致新聞企劃部」。

我有一個故事，你可能會感興趣。直接貼在下方，附上電子檔和圖片。新聞稿直接貼在信件的內文，同時附上PDF檔案。新聞稿的標題和第一段就等於你的提案！

附照片的話最多挑三張，每張都要拍好！沒有好照片還不如不要附。

祝好，

［填入你的名字和聯絡資訊］

聯絡資訊都寫在新聞稿了，記者想必查得到。這裡再寫一次，是為了給記者方便。

這裡就可以貼上新聞稿。記者只要往下滑，就可以繼續閱讀你的故事。

4. 按下傳送鍵，然後耐心等待。記者可能會聯絡你，也可能不會，但不要等得太久。

5. 打給你的目標媒體！詢問新聞企劃部或主編，對話的腳本如下：

你：您好，我叫【填入你的名字】，今天稍早寄了一篇新聞稿，不知道您有沒有興趣？

對方通常會丟出一個問題，「什麼新聞稿？」、「我沒有收到。」、「你再說一次名字。」

你：我再寄一次給您好不好？資訊都在裡面。您就不用浪費時間找了。我寄到哪個信箱好呢？請問您的大名？

當你問到這些細節，就可以跟對方道謝，直接進入步驟六，可……是……有時候記者會突然說，「等一下，我應該有找到，是不是關於某個資料？」（對方一邊跟你講電話，一邊在讀信）。

你：沒錯，就是我。你要不要先讀一下？如果有缺資料，麻煩再跟我說。對方通常會答應，互道再見。但如果對方想繼續聊，務必把握機會！你也可以這樣跟對方道別，但前提是不能說謊。

你：很期待可以被你報導，因為【填入你選擇這家媒體的原因】，我還沒有把這篇新聞稿傳給其他人。

現在掛斷電話！

6.

立刻重寄新聞稿！這次的主旨改一下：

【填入你對話的窗口】先生／小姐，給您的新聞素材

加上這段開場白，然後貼上步驟三的內容。

【名字】您好：

謝謝您剛剛抽空跟我通話，這裡附上新聞稿，關於……

7. 再次等待。至於等待的時間端視你提案的媒體而定。對方可能無聲無息，這或許是好跡象，對方覺得你的提案很完美，正忙著跑你的新聞。最後刊登出來的新聞，想必跟你的故事相去不遠。還有另一個可能，對方沒有興趣。因此去設定 Google 快訊，輸入你的名字，以及／或者新聞稿的關鍵字，一旦獲得媒體採用，Google 快訊就會通知你。

回到步驟一，重啟下一個提案，除非你已經承諾讓第一家媒體獨家報導，這樣就不可以再跟別人提案了。不過，如果你只是同意讓對方優先取得新聞，一旦過了雙方約定的期限，你就可以繼續向別人提案了。

疑難排解

我來解答一些客戶經常提出的問題。

為什麼我沒有上新聞，但競爭對手卻做到了？

這有兩個原因：（1）你／你的故事「不適合」你提案的媒體，你必須重新評估媒體策略，聚焦於你真正的期望。良好的媒體關係其實是互相合作。記者需要故事，而你剛好可以提供故事。（2）主因：媒體不信任你這個消息來源。

我何時該放棄？

做完上述七個步驟，等著面對現實吧！媒體要不是採納，要不就是拒絕。還有一個可能，你的新聞剛好「撞上」你無法控制的大新聞。

我找不到電話號碼

如果電話號碼不好找，導致你完成不了步驟五，不要再浪費時間，重複前四個步驟，有兩個方法更有效率，一是加倍努力，找到電話號碼，二是換一家你找得到電話號碼的媒體。最理想的作法是，先查好每一家目標媒體的聯絡資訊，再來鎖定頭號目標。

何時是打電話的最佳時機？

如果跟大媒體合作，尤其是電視臺，今天在新聞企劃部輪班的人，隔天就會換了「一批人」（或者換個人），所以沒必要跟正在排班的人員聊，因為他們的腦袋瓜只想著當下，根本沒時間通話。你最好下午兩點過後再打，詢問隔天輪到誰負責企劃，這批人正在努力搜尋新聞，而你手上剛好有新聞。

如果你的新聞不是隔天要播，企劃人員恐怕會叫你晚一點再打，但你仍要提供新聞稿，你的新聞才有可能列入「新聞日誌」。這並不靠譜喔！但只要你夠幸運，記者就可能採用，發給未來的企劃人員。千萬別預設你發出新聞稿，就一定會開啟什麼對話，或者有什麼結果。深呼吸，耐心一點，做好心理準備，你將會應付各種人，一再重述你的故事，反覆傳送你的新聞稿。

這就是新聞稿的優點啦！你在提案的過程中，始終有藍圖可以參考。如果要打電話給國際媒體，記得先查好時區。

記者直來直往！

你不要往心裡去，記者要趕上沒得商量的截稿期限，還要拿著你的新聞四處跟新聞團隊／編輯提案。正因為如此記者希望「直接切入正題」。

記者可能會拒絕你的故事，給你殘酷的意見——你記得善用機會，重新評估你的作法。記者直話直說，可以幫助你看清故事、公司和計畫的漏洞。此外，這段寶貴的經驗也可以用在客戶關係上。

媒體把我轉給廣告部門，但我期望的是上新聞

我再說一次，不要往心裡去，這種情況很常見。你反而要把握機會！廣告部門比起記者更願意陪你聊天。你不妨趁機詢問未來半年至一年，對方媒體規劃了哪些報導主題，有哪些屬於定期的專題報導。

廣告部門又不會逼你買廣告，你倒可以善用這次談話，調查近期有什麼好機會。你還可以跟廣告部門詢問信箱，請他們幫忙提案。有時候花錢買廣告有一些好處，前提是你跟對方談好，登了廣告之後，可以上一些新聞。

找到目標媒體

媒體版面難求，壽命長的新聞更是寶貴。本書第四章，我指導大家在自家媒體放大報導，並且吸引其他記者爭相報導。

為了達成目標，你必須找個人來管理，否則你會糊裡糊塗，搞不清你搏得哪些報導（這很常見），以致於你跟記者打交道，老是做一些無謂的事情。

你必須儲存聯絡資訊和新聞報導方便快速查詢，這不需要昂貴的系統，只是要有人負責執行，持續建立資料庫，隨時做更新。本書第五章，我已經建議過大家如何找人執行。

你沒必要針對每一則新聞重新建立聯絡名單，這樣可能會打斷報導的「節奏」。翻到「故事選擇器」，針對你想寫的新聞，找到最適合的媒體，接著翻到「找到目標媒體」，在你還沒聯絡之前，先列出所有目標媒體。

集中在一個檔案，你就可以反覆查詢。儲存你聯繫過的記者，建立長期的紀錄。

如此一來，每當你想要提案，就不用浪費時間搜尋聯絡資訊。最好使用 Excel 試算表，馬上就可以填寫，不要再自己繪製表格。

我建議大家依類型區分，因為相同種類的媒體多半有共同的需求，比方電視臺最可能要求採訪，報章雜誌可能把新聞稿複製貼上。電視臺的截稿期限特別趕。把媒體分門別類，你在哪一家媒體搏得最多版面則是一目瞭然。

至於「革命尚未成功」，列出你嘗試過的提案，至今卻從未搏得版面的媒體。趁機想一想，你是要持續努力呢？還是要放棄這些目標呢？

媒體	聯絡人名字	聯絡資料	上報的新聞	上一次聯絡／筆記
電視臺				
BBC 新聞臺	BBC 新聞企劃部	電子信箱和電話		2021 年 4 月 26 日針對公司發布資料，聯絡過企劃部，對方決定採用，2021 年 4 月 27 日 BBC 晨間新聞接受採訪
紙本／網路媒體				
純網路媒體				
革命尚未成功			提過的案子	

建檔表格

專門建立一個檔案，儲存你寶貴的新聞連結，持續累積紀錄。等到你需要查閱，就不用花時間搜尋。

舉例來說，你可能想在官網開闢一個專區，叫做「媒體報導」，展示你至今搏得的媒體版面。或者未來向記者提案時，大可列出其他記者登過的報導，可能會激發記者的興趣。這個表格也可以套用 **Excel** 試算表，馬上就可以填寫，不要再自己繪製表格。

最簡單的方法就是按照時間順序排列，你最近刊登的報導列在最上方，所有報導的「節奏」由上而下，一清二楚。這有什麼好處呢？你可以向投資人或潛在客戶證明，你一路走來，到底是如何建立知名度或領導地位。

除了這張表格，我還會建議你儲存報導的截圖，存在資料夾裡面，檔名要標注媒體、新聞標題和日期，例如「BBC 新聞稿書寫調查 2022 年 6 月」。為什麼要做這件事？因為新聞連結不可能永遠存在，你必須確保自己隨時查得到新聞。如果你的新聞屬於付費內容，你對外宣傳時務必格外小心，記得標注，並且附上付費網站的連結（付費牆），給自己一個提醒。如果你經常上新聞，恐怕要每年或每個月建立資料夾。儘管如此你仍要建立目錄，把你的每一篇新聞報導按照時間順序排列。

日期	媒體	標題	連結
2022年6月14日	BBC網路新聞	逾九成創業人士覺得新聞稿「很難寫」	www.bbc.co.uk/news/xxx

媒體關係企劃書

這是「媒體經營工具包」的最後一項工具，可是很重要喔！有這個工具，你可以統整從這本書學到的東西，向別人做簡報，讓對方知道可以怎麼幫你。比方你要找媒體代理商，或者你打算在公司開設媒體培訓課，或者你有意招募媒體人才，這份文件可以確保你找到適合的幫手。

媒體關係企劃書想表達的是，「我們是這樣一間公司，有這些期待，你可以提供什麼協助呢？」你可能要一併附上保密協議（NDA），保護你分享的資訊。

下列是我建議的模板：

【填入你的公司】媒體關係企劃書

概要

插入企業簡介

我們需要的協助

你希望對方達成哪些目標，重要性從高排到低逐項列出來：

- 我們需要媒體關係代理商，幫忙搏取媒體版面。
- 我們需要初階專案經理，幫忙執行媒體關係工具。
- 我們需要代理商，幫忙把個案研究拍成影片。

預算

公布你為這件事提撥的預算，供應商評估過後會再告知你，這樣的預算會實現多少成果。你不一定要花光預算，只是沒有列預算的話，預估成本時你會缺乏衡量基準。無論是按日計費或長約型，都要先預估合約存續期，但你又不知道要花多久時間。不妨趁成本評估時，徵詢對方的意見。就我個人經驗，按日計費沒有什麼用。我不在乎對方要怎麼實現，我只想看到成果。會計服務也是同樣的道理，我寧願對方直接開價。對方花多久時間完成我不是很在意。有些人就是特別厲害，可以在一小時內完成數日的工作。但這是對方要煩惱的問題，你何必攬在自己身上呢？

如何實現下列目標？

這裡填寫的內容端視你需要何種協助，但我會提供幾個標題，供你複製貼上，你在這本書下過的功夫，都可以寫在媒體關係企劃書。下面有幾個範例，把你做的功課都寫進去，讓對方有機會仿效你，實現你的期望。

媒體版面

這是我們想搏取的媒體版面，包括我們想跟哪幾家媒體合作，以及哪幾個提案時機跟商業策略相符。請讓我們知道你會如何實現。

- 針對每一個故事線階段建議適合的角度和內容。
- 針對我們的目標建議適合的媒體。
- 你們團隊有哪些相關經驗和能力？

個案研究

我們想找人做個案研究，應用於下列各種用途。我們希望有個人可以收集資訊，因應我們的需求，把這些資訊加以改造。你有什麼構想呢？

媒體「營銷」（這就是幫忙跑腿，向記者推銷新聞）

我們寫了新聞稿，也訂了關鍵目標還有時程表，但是想把營銷部分外包出去，附上新聞稿和媒體目標，請你幫忙解答：

- 針對這份新聞稿，你覺得有什麼需要增減嗎？
- 你還有其他建議的目標媒體嗎？
- 你如何在我們和媒體之間居中協調，爭取採訪機會以及其他有利的話題？
- 如何追蹤和回報所有的報導，方便我們後續分享和儲存？

放大媒體報導

我們已經發出新聞稿，期待搏取媒體版面，但是我們希望透過自家傳播管道，盡可能鋪天蓋地宣傳。附上我們的新聞稿，以及我們自家的傳播管道。你如何幫我們實現目標？

內部培訓和招募新人

至於這個部分，當然不需要媒體關係企劃書，但可能要從中找一些元素，來撰寫徵才啟示。企業簡介是必備的，這可以跟求職者清楚說明你的業務內容。企業簡介寫得越清楚，越能夠吸引你需要的人才，驅散你不需要的人才。

在招募新人的階段，趁機分享一些媒體關係工具，可以趁機測試求職者，會不會使用這些工具，例如新聞稿模板或建檔表格。你從這本書學到的觀點和流程，也會幫助你釐清自己的需求，例如你想找人負責寫新聞稿，這個人顯然要有寫作能力，可是口說無憑，你必須實際測試，請對方寫寫看。

如果你有看完第三章和「故事選擇器」，很清楚自己想刊登什麼新聞，以及想要登上什麼媒體，你就更容易找到有相關經驗的人選，例如直接問求職者，之前有沒有當過記者或媒體關係人員。追問他們在媒體工作的情況。如果對方待過英國地方報社，可是你心目中的人選必須了解全國電視臺的運作，這個人就不合適了。如果你鎖定特定產業，求職者卻沒有那個產業的經驗，即便他當過記者或媒體關係人員也不一定能夠勝任。這時候你就要問清楚，為什麼對方覺得自己辦得到，以及對方需要多久時間適應。

有些求職者會展示自己跟媒體打交道的重大成就，企業看了就暈船了。但等到他走馬上任，卻無法一舉成功，因為他還要花時間搞懂你身處的產業。

沒辦法，人不是魔杖！勇於釐清自己和公司對媒體關係的期待，花時間運用你從這本書學到的東西，建立專業知識，盡快搏得新聞版面吧！

媒體經營工具包總結

無論你希望把哪些媒體關係工作外包出去，或者派別人去做，身為企業創辦人或領導人仍有事情要做。本書第四章特別開闢一個單位，叫做「為企業創辦人量身打造的媒體關係速成班」，值得你一讀再讀。

記者會要求你為企業負責，顧客和投資人也會這麼做。這本書旨在介紹媒體關係的流程，提供你最佳的工具，讓你擦亮眼睛走進媒體關係的世界，並且清楚自己的期待，找到適合的幫手。祝你好運！

謝詞

我真沒想到，這本書受到很多人幫忙才得以完成。我等不及分享這些洞見和工具，因為我知道，這會改變企業搏版面的方式。

這本書彷彿有自己的生命，從四面八方獲得支持，全是一些在各自領域滿懷經驗、權威和熱情的人。第一位「幫手」是資深出版人艾莉森・瓊斯（Alison Jones），我參與過她的「十天商管書企劃案挑戰」（*10-day Business Book Proposal Challenge*），《讓媒體搶著報導你》隨即獲得她的青睞。如果你也需要強大的架構來組織你的出書構想，絕對要報名這堂課。我還要感謝試讀者，包括雅曼達・佛斯（Amanda Firth）、卡特里安娜・霍威爾（Catriona Howell）、珍妮・范・胡爾（Janie van Hool）以及艾立森・賴特（Alison Wright），這些人彼此之間，以及在各自的領域，為全球重要創業家和跨國企業貢獻良多，至今仍是如此。

艾琳．伯比奇願意為我寫推薦序，堪稱我莫大的勝利，她被記者譽為「創投女王」，有誰比她更清楚媒體關係的價值呢？她看出媒體關係和投資的關係值得大家注意，這本書真是榮幸，可以在重要的版面刊載她的文字。

每一個好故事都會有起承轉合。當我準備交出最終版，彼特．桑德斯也來共襄盛舉，他培訓過無數的記者（包括我在內）。我們一起籌備的Q&A單元，讓大家知道更多的圈內人觀點，而且當今許多優秀的記者都是多虧他，才會進入這一行。

這本書即將印製之前，經過我多年調查，終於發現一些公認的科學原理，可以解釋媒體關係工作的成敗，還好我可以「臨時喊卡」，把這段內容加進來。

這個科學概念稱為「定錨效應」（anchoring bias），由阿摩司．特沃斯基（Amos Tversky）和丹尼爾．康納曼（Daniel Kahneman）所提出，這兩位心理學家認為，人類碰到任何新主題，習慣仰賴一開始的資訊，定錨在那個地方，當成詮釋新資訊的參照點。記者也是如此，因此五十字「企業簡介」太重要了！如果媒體引用的資料，跟你的公司沒有太大關聯，就會毀了媒體對你的背書，那些錯誤資訊還會傳給你的目標閱眾，成為他們的「定錨」。無論你搏取再多的媒體版面，都沒有定錨在你們公司。本書在第一章，我就有指導大家怎麼做。

此外，記者和所有人看到任何故事，內心「早有自己的故事」。如果真遇到這種事，你會感到灰心，所以要做好心理準備。比方我某個客戶想刊登一則新聞，說英國有很多人想當護理師，可是記者內心「早有自己的故事」，認為醫院會缺護理師，是因為沒有人想當護理師。這不是實情，於是我刻意放一張表格，駁斥記者內心「早有的故事」。但記者仍堅持己見，有時候記者就是不願意放下，因而無法接受真實的故事，真令人失望！如果你提案之前，先看出記者內心「早有的故事」，事先研擬計畫，設法做一些反制，比較有機會搏得你期望的報導。記者有這個傾向，是因為他還要向新聞編輯部提案，他心裡很清楚，他也會面臨同樣的咆哮，「可是護理師的求職人數正在下滑啊！這才是人力不足的原因。」記者通常不怕意見衝突，因此你必須提供記者事實和圖表，方便記者向其他人提案。本書第二章有更多詳細的內容。

國家圖書館出版品預行編目資料

讓媒體搶著報導你：從小編、行銷、發言人到新創CEO都得學的正向曝光技巧/菲麗希緹.寇伊(Felicity Cowie)著；謝明珊譯. -- 初版. -- 臺北市：商周出版：英屬蓋曼群島商家庭傳媒股份有限公司城邦分公司發行, 2023.04
面； 公分
譯自：Exposure : insider secrets to make your business a go-to authority for journalists
ISBN 978-626-318-617-0(平裝)
1.CST: 大眾傳播 2.CST: 媒體 3.CST: 公共關係
541.83　　112002396

BW0819

讓媒體搶著報導你

從小編、行銷、發言人到新創CEO都得學的正向曝光技巧

原文書名／Exposure: Insider secrets to make your business a go-to authority for journalists
作者／菲麗希緹・寇伊 Felicity Cowie
譯者／謝明珊
選書企劃／黃鈺雯
內文校對／吳琇娟
責任編輯／劉羽芩
版權／吳亭儀、林易萱、顏慧儀
行銷業務／周佑潔、林秀津、黃崇華、賴正祐、郭盈均

總編輯／陳美靜
總經理／彭之琬
事業群總經理／黃淑貞
發行人／何飛鵬
法律顧問／臺英國際商務法律事務所 羅明通律師
出版／商周出版
臺北市 104 民生東路二段 141 號 9 樓
電話：(02) 2500-7008 傳真：(02) 2500-7759
E-mail: bwp.service @ cite.com.tw
發行／英屬蓋曼群島商家庭傳媒股份有限公司 城邦分公司
臺北市 104 民生東路二段 141 號 2 樓
讀者服務專線：0800-020-299 24 小時傳真服務：(02) 2517-0999
讀者服務信箱 E-mail: cs@cite.com.tw
劃撥帳號：19833503 戶名：英屬蓋曼群島商家庭傳媒股份有限公司城邦分公司
訂購服務／書虫股份有限公司客服專線：(02) 2500-7718；2500-7719
服務時間：週一至週五上午 09:30-12:00；下午 13:30-17:00
24 小時傳真專線：(02) 2500-1990；2500-1991
劃撥帳號：19863813 戶名：書虫股份有限公司
E-mail: service@readingclub.com.tw
香港發行所／城邦（香港）出版集團有限公司
香港灣仔駱克道 193 號東超商業中心 1 樓
E-mail: hkcite@biznetvigator.com
電話：(852) 2508-6231 傳真：(852) 2578-9337
馬新發行所／城邦（馬新）出版集團
Cite (M) Sdn. Bhd.
41, Jalan Radin Anum, Bandar Baru Sri Petaling, 57000 Kuala Lumpur, Malaysia.
電話：(603) 9057-8822 傳真：(603) 9057-6622 E-mail: cite@cite.com.my
封面設計／黃宏穎
美術編輯／李京蓉
製版印刷／韋懋實業有限公司
經銷商／聯合發行股份有限公司
新北市 231 新店區寶橋路 235 巷 6 弄 6 號 2 樓
電話：(02) 2917-8022 傳真：(02) 2911-0053

■2023 年 4 月 6 日初版 1 刷

Printed in Taiwan

定價 400 元
ISBN: 978-626-318-617-0（紙本）

ISBN: 9786263186194（EPUB）

城邦讀書花園
www.cite.com.tw

商周出版

廣	告	回	函
北區郵政管理登記證			
臺北廣字第 000791 號			
郵資已付，免貼郵票			

104 臺北市民生東路二段 141 號 9 樓
英屬蓋曼群島商家庭傳媒股份有限公司
城邦分公司

請沿虛線對摺，謝謝！

商周出版

書號：BW0819　書名：讓媒體搶著報導你
從小編、行銷、發言人到新創 CEO 都得學的正向曝光技巧　編碼：

請於此處用膠水黏貼

商周出版

讀者回函卡

線上版讀者回函卡

感謝您購買我們出版的書籍！請費心填寫此回函卡，我們將不定期寄上城邦集團最新的出版訊息。

姓名：________________ 性別：☐男 ☐女

生日：西元________年________月________日

地址：________________

聯絡電話：________________ 傳真：________________

E-mail ：

學歷：☐ 1. 小學 ☐ 2. 國中 ☐ 3. 高中 ☐ 4. 大學 ☐ 5. 研究所以上

職業：☐ 1. 學生 ☐ 2. 軍公教 ☐ 3. 服務 ☐ 4. 金融 ☐ 5. 製造 ☐ 6. 資訊
☐ 7. 傳播 ☐ 8. 自由業 ☐ 9. 農漁牧 ☐ 10. 家管 ☐ 11. 退休
☐ 12. 其他________________

您從何種方式得知本書消息？

☐ 1. 書店 ☐ 2. 網路 ☐ 3. 報紙 ☐ 4. 雜誌 ☐ 5. 廣播 ☐ 6. 電視
☐ 7. 親友推薦 ☐ 8. 其他________________

您通常以何種方式購書？

☐ 1. 書店 ☐ 2. 網路 ☐ 3. 傳真訂購 ☐ 4. 郵局劃撥 ☐ 5. 其他______

您喜歡閱讀那些類別的書籍？

☐ 1. 財經商業 ☐ 2. 自然科學 ☐ 3. 歷史 ☐ 4. 法律 ☐ 5. 文學
☐ 6. 休閒旅遊 ☐ 7. 小說 ☐ 8. 人物傳記 ☐ 9. 生活、勵志 ☐ 10. 其他

對我們的建議：________________
____
____

請於此處用膠水黏貼